AQUILINO SÁNCHEZ / MANUEL RÍOS / JOAQUÍN DOMÍNGUEZ

ESPAÑOL EN DIRECTO

NIVEL 1A

SGEL

ESPAÑOL EN DIRECTO 초급 스페인어 회화 NIVEL 1A

Primera edición, 1980
Segunda edición, 1981

Colaboración especial: J. A. Matilla
Dibujos: M.ª del Carmen Bachs

© Sánchez, Ríos, Domínguez
  SGEL, S.A, 1981
  Avda. Valdelaparra, 29. 28108 Alcobendas (Madrid)

© 2011 by Songsan Publisher

초판 1쇄 2012년 2월 9일
초판 2쇄 2015년 3월 25일
저   자 AQUILINO SÁNCHEZ / MANUEL RÍOS / JOAQUÍN DOMÍNGUEZ
발 행 인 윤우상
북디자인 DesignDidot 디자인디도
발 행 처 송산출판사
주   소 서울특별시 서대문구 홍제 2동 104-6
전   화 (02) 735-6189
팩   스 (02) 737-2260
홈페이지 http://www.songsanpub.co.kr
등록일자 1976년 2월 2일. 제 9-40호

한국 내 출판권 © 송산출판사 2011
ISBN 978-89-7780-173-8 14770
      978-89-7780-172-1 14770(세트)

ESPAÑOL EN DIRECTO

초급 스페인어 회화
NIVEL 1A

 송산출판사

독점 계약 출판에 즈음하여

 서반아어는 현재 스페인을 비롯하여 중남미 20여 개 국에서 사용하고 있으며 UN의 국제 공용어 중의 하나입니다. 또한 미국 지역 내 특히 텍사스, 조지아 주 등에서는 스페인어를 공용어로 채택하자는 법안을 주 의회에 제출할 정도로 날로 급변하는 국제화 시대에 부응하여 국가 간에 스페인어에 대한 인식과 필요성이 나날이 높아가고 있습니다. 게다가 향후 2020년 내에 미국 내에서 스페인어 사용 인구가 영어를 능가한다는 통계가 나와 스페인어가 점점 각광받고 있는 추세입니다.

 따라서 본 교재는 한국외국어대학교를 비롯한 다수 대학의 스페인어과에서 회화교재로 가장 인기 있었던 Espanol en direct를 스페인 현지 출판사 SGEL과 송산출판사가 2007년 국내 독점 판매 계약을 체결하여 이후 한국 독자들의 학습에 가장 큰 도움을 줄 수 있게 수 차례 세밀한 교정과 첨삭 과정을 거쳤습니다. 그리고 비로소 2012년 초부터 공식적으로 국내에서 독점 출판하게 되었습니다. 이를 자축하면서 시판 스페인어 회화교재로서 손색이 없음을 확신하는 바이며 독자 여러분의 효율적인 스페인어 학습에 많은 도움이 되길 바랍니다.

 끝으로 본 교재를 SGEL 사와의 독점판매계약이 최종적으로 체결될 때까지 도움주신 ESPAK 스페인어 박삼규 대표님께 심심한 사의를 표하는 바입니다.

El método que le ofrecemos a continuación pretende lograr que el alumno aprenda español de manera completa y eficaz. Al decir ≪completa≫ damos a entender que no nos limitamos a resaltar solamente las reglas o estructuras gramaticales, o la parte oral, o los ejercicios escritos.

Dado que cualquier lengua es fundamentalmente *un instrumento de comunicación*, queremos presentarla bajo este punto de vista y desde esta perspectiva.

Abarcamos, por tanto, no solamente el campo de las reglas y estructuras gramaticales, presentadas aquí de manera amena, clara y teniendo en cuenta la gradación en las dificultades, sino también la introducción y utilización del vocabulario dentro de un contexto natural, la insistencia en la práctica oral para familiarizarse con las reglas y estructuras de cada lección, la expresión oral creadora y no meramente repetitiva y, finalmente, la expresión escrita (por medio del cuaderno de ejercicios que acompaña a cada libro).

A este respecto no olvidamos que actualmente para muchos es importantísimo el dominio de un idioma en el aspecto escrito tanto como en el oral, pues, en definitiva, la cultura actual se transmite a ambos niveles.

El fin primordial de aprender a *comunicarse* en español se pretende conseguir en cada lección por medio de:

1. Un **Diálogo**, que se ajusta a una situación natural. En él se introduce nuevo vocabulario, así como los puntos gramaticales sobre los cuales se llama la atención. Tanto lo uno como lo otro se dan, pues, dentro de un contexto.

2. **Esquema gramatical:** Presentación clara y sencilla de los puntos gramaticales. A dicho esquema siguen algunos ejercicios prácticos de carácter eminentemente oral. Los ejercicios escritos se reservan para el ≪Cuaderno de ejercicios≫ que acompaña al método.

3. **Amplíe:** Introducción de diferentes novedades (vocabulario, algunas

precisiones sintácticas, morfológicas, etc.), todo ello visualizado mediante un dibujo, para lograr mejor la relación directa entre objeto, situación y lengua que se pretende aprender, tratando así de impedir la interferencia de la lengua nativa.

4. Hable: El alumno debe basarse exclusivamente en el dibujo y ejercitarse en la práctica del español utilizando y siguiendo las indicaciones que se le dan en cada caso. También aquí se intenta eliminar la interferencia de la lengua nativa.

5. Tanto el Amplíe como el Hable suelen ir seguidos de ejercicios prácticos (Practique)

6. En ocasiones se hace alguna observación especial (Observe, Recuerde) con el fin de llamar la atención sobre los puntos que consideramos de mayor interés e importancia.

7. La **Situación**: Tiene como objeto la práctica de la creatividad del alumno en la expresión oral. Las situaciones son paralelas a las del diálogo y se mueven dentro del área de vocabulario ya conocido.

   Todas ellas suelen tener una ligazón temática y se espera que el estudiante encuentre suficientes estímulos en los dibujos para crear un diálogo natural, utilizando así el vocabulario aprendido dentro de su contexto.

8. Periódicamente se introducen cuestiones fonéticas o de entonación. No se trata de una presentación exhaustiva. Se llama la atención sobre problemas específicos que consideramos de mayor interés o dificultad.

La pronunciación, así como la entonación, han de tener desde el principio una gran importancia en la clase. A tal fin, en el método ofrecemos un ≪Manual práctico de corrección fonética≫, acompañado de cintas magnetofónicas, que puede ser utilizado como material complementario y sistematizado.

A este libro acompañan, además del ≪Cuaderno de ejercicios≫, un conjunto de estructuras gramaticales relacionadas con cada lección para la práctica en el laboratorio de idiomas. Aunque no creemos que el aprendizaje de una lengua sea algo totalmente mecánico, no obstante, consideramos importante, en especial en los primeros niveles, la repetición de estructuras fundamentales para que el alumno se habitúe más fácilmente a la lengua que aprende.

Se ofrecerá igualmente un conjunto de diapositivas adecuadas a cada lección. Esto facilitará la utilización del proyector en la clase y, en consecuencia, la participación activa del grupo en la práctica oral de modo más efectivo.

Esperamos ofrecer así una contribución de interés a todos aquellos que estén interesados en el aprendizaje del español como segunda lengua. Una contribución actual, amena, eficaz, fruto de años de experiencia en el campo de la enseñanza, conjugados con los estudios lingüísticos de hoy en día.

Indice 1A

1 ¿Cómo te llamas?

Bárbara : —Buenas tardes.
　　　　　¿Es ésta la Escuela de Idiomas?

Carlo : —Sí. ¿Eres estudiante de español?

Bárbara : —Sí. ¿Y tú?

Carlo : —Yo también soy estudiante de español.
　　　　Me llamo Carlo.
　　　　Y tú, ¿Cómo te llamas?

Bárbara : —Me llamo Bárbara.

Carlo : —Este es Klaus.
　　　　También es estudiante.
　　　　Es alemán.

Klaus : —Mucho gusto.

Bárbara : —Encantada.

Esquema gramatical

(yo) (tú) (él, ella)	Soy Eres Es	estudiante

[Practique]

I Bárbara.   · —Bárbara es estudiante.

1. tú.   · —_____

2. Carlo.   · —_____

3. yo.   · —_____

4. él.   · —_____

5. Klaus.   · —_____

6. ella.   · —_____

II ¿Eres estudiante?   · —Sí, soy estudiante.

1. ¿Eres español?   · —_____

2. ¿Eres Bárbara?   · —_____

3. ¿Eres Klaus?   · —_____

4. ¿Eres alemán?   · —_____

5. ¿Eres Carlo?   · —_____

6. ¿Eres estudiante de español? · —_____

Amplíe

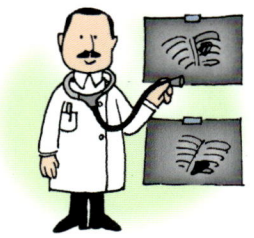

1. **Carlos** es **médico**.

2. **Manuel es ingeniero.**

3. **Pedro** es **profesor.**

4. **Antonio** es **alumno**.

5. **Miguel** es **arquitecto**.

6. **María** es **secretaria**.

7. **Carmen** es **enfermera**.

8. **Luis** es **peluquero**.

Practique

I ¿Es Bárbara estudiante?   · —Sí, es estudiante.

    1. ¿Es Carlos médico?   · —_____

    2. ¿Es Manuel ingeniero?   · —_____

    3. ¿Es Pedro profesor?   · —_____

    4. ¿Es Antonio alumno?   · —_____

    5. ¿Es Miguel arquitecto?   · —_____

    6. ¿Es María secretaria?   · —_____

    7. ¿Es Carmen enfermera?   · —_____

    8. ¿Es Luis peluquero?   · —_____

II Bárbara.   · —¿Eres Bárbara?

    1. Carlo.   · —_____

    2. Klaus.   · —_____

    3. Pedro.   · —_____

    4. Antonio.   · —_____

    5. Miguel.   · —_____

    6. María.   · —_____

    7. Carlos.   · —_____

    8. Carmen.   · —_____

III *Practíquese en la clase:*

    A. Éste es José.

    B. Mucho gusto.

    C. Encantado(a)

Hable

Yo _____ ruso.

Tú _____ español.

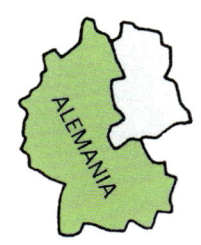

Él _____ alemán.

Carlos _____ italiano.

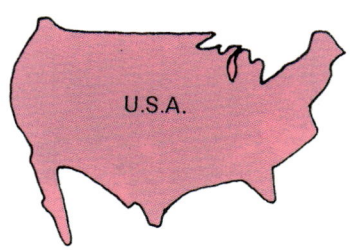

María _____ americana.

Yo _____ inglés.

Antonio _____ francés.

Tú _____ holandés.

Recuerde

I ¿Cómo te llamas?   ME LLAMO _____

¿Cómo te llamas?	· —Me llamo Bárbara.
1. _____	· —_____ Carlo.
2. _____	· —_____ Klaus.
3. _____	· —_____ María.
4. _____	· —_____ Antonio.
5. _____	· —_____ Miguel.
6. _____	· —_____ Carlos.
7. _____	· —_____ Carmen.
8. _____	· —_____ Pedro.

II ÉSTE es _____   ÉSTA es _____

Pedro.	· —Éste es Pedro.
1. Carlo.	· —_____
2. Klaus.	· —_____
3. Antonio.	· —_____
4. Bárbara.	· —_____
5. Carlos.	· —_____
6. Andrés.	· —_____
7. Carmen.	· —_____
8. María.	· —_____

Situación I

Práctica oral: *Imagine un diálogo.*

1.

—————————————————

—————————————————

2.

—————————————————

—————————————————

3.

—————————————————

—————————————————

4.

—————————————————

—————————————————

Entonación

¿Eres estudiante?   · —Sí, soy estudiante.

1. ¿Eres médico?   · —Sí, soy médico.
2. ¿Eres ingeniero?   · —Sí, soy ingeniero.
3. ¿Eres profesor?   · —Sí, soy profesor.
4. ¿Eres alumno?   · —Sí, soy alumno.
5. ¿Eres arquitecto?   · —Sí, soy arquitecto.
6. ¿Eres secretaria?   · —Sí, soy secretaria.
7. ¿Eres enfermera?   · —Sí, soy enfermera.
8. ¿Eres peluquero?   · —Sí, soy peluquero.

2 ¿De dónde eres?

Carlo : —Éste es el bar de la Escuela.
Es grande y agradable.
Aquél es el camarero.
Es muy simpático.

Ramón : —Buenas tardes. ¿Qué desean?

Carlo : —Yo, un café.

Klaus : —Y yo una cerveza.
¿También es estudiante aquel señor?

Carlo : —No, no es estudiante. Es profesor.
Y las chicas son secretarias de la Escuela.

¡Mira! ¡Dos estudiantes nuevos!

Carlo y
Klaus: —¡Hola! ¿También sois estudiantes extranjeros?

John : —Sí. Somos americanos. Yo soy de Florida.

David : —Yo de California.
Y vosotros, ¿de dónde sois?

Carlo : —Yo soy italiano.

Klaus : —Y yo alemán.

(yo) (tú) (él, ella)	SOY ERES ES	italiano
(nosotros) (vosotros) (ellos, ellas)	SOMOS SOIS SON	italianos

[Practique]

(yo) soy italiano.   *nosotros*   · —**Somos italianos.**

1. (tú) eres americano.   *vosotros*   · —_____

2. (él) es camarero.   *ellos*   · —_____

3. (yo) soy italiano.   *vosotros*   · —_____

4. (él) es simpático.   *tú*   · —_____

5. (tú) eres médico.   *ellos*   · —_____

6. (yo) soy arquitecto.   *él*   · —_____

7. (nosotros) somos peluqueros. *yo*   · —_____

8. (ellos) son ingenieros.   *él*   · —_____

Amplíe

El **café** es **barato**.

El **jerez** es **caro**.

Pedro es **alto**.

Miguel es **bajo**.

El **sombrero** es **viejo**.

El **libro** es **nuevo**.

El **vino** es **bueno**.

El **perro** es **malo**.

El **médico** es **gordo**.

El **camarero** es **delgado**.

Hable

Soy español	No soy español

—¿Eres español o americano?

—No soy español. Soy americano.

—¿Es Luis italiano o español?

—_____

—¿Sois españoles o rusos?

—_____

—¿Son alumnos o camareros?

—_____

—¿Es médico o arquitecto?

—_____

—¿Es francés o alemán?

—_____

—¿Sois enfermeras o secretarias?

—_____

—¿Somos profesores o estudiantes?

—_____

EL UN	librO	LOS UNOS	librOS	a + el → AL
LA UNA	casA	LAS UNAS	casAS	de + el → DEL

LA casa.
UNA casa.

EL libro.
UN libro.

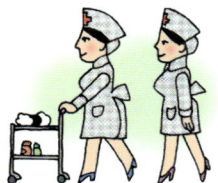

LAS enfermeras.
UNAS enfermeras.

LOS médicos.
UNOS médicos.

[Practique]

*Complete con «**el**» o «**la**».*

_____ médico.

_____ bar.

_____ señor.

_____ mesa.

_____ peluquero.

_____ libro.

_____ señorita.

_____ camarero.

_____ enfermera.

_____ casa.

_____ profesor.

_____ arquitecto.

_____ estudiante.

_____ secretaria.

Observe

ESTE libro.

AQUEL libro.

ESTA mesa.

AQUELLA mesa.

[Practique]

ESTE	libr**O**	es	nuev**O**

Este vino es bueno.   · —Aquel vino también es bueno.

1. Este camarero es simpático.   · —_____

2. Este médico es gordo.   · —_____

3. Este sombrero es viejo.   · —_____

4. Este profesor es delgado.   · —_____

5. Este libro es nuevo.   · —_____

6. Este señor es italiano.   · —_____

7. Este estudiante es extranjero.   · —_____

Practique

estA   casA   es   nuevA

Esta casa es nueva.   · —Aquella casa también es nueva.

1. Esta enfermera es alta.   · —_____

2. Esta mesa es baja.   · —_____

3. Esta casa es vieja.   · —_____

4. Esta secretaria es simpática. · —_____

5. Esta Escuela es nueva.   · —_____

6. Esta chica es italiana.   · —_____

7. Esta señorita es francesa. · —_____

8. Esta alumna es alta.   · —_____

[Recuerde]

Soy español.   · —Soy de España.

1. Soy alemán.   · —_____

2. Soy francés.   · —_____

3. Soy italiano.   · —_____

4. Soy inglés.   · —_____

5. Soy holandés.   · —_____

6. Soy americano.   · —_____

7. Soy ruso.   · —_____

Situación II

Práctica oral: *Imagine un diálogo.*

1.

— _____

— _____

2.

— _____

— _____

3.

— _____

— _____

4.

— _____

— _____

3 ¿Cómo es?

Antonio : —¿Es ésta la casa de Juan?

Bárbara : —No, ésta no es.

Antonio : —¿Dónde está?

Bárbara : —Está en la calle del Pino.
Es la próxima calle a la derecha.

Antonio : —¿Cómo es la casa?

Bárbara : —Es un edificio antiguo. Delante de
la casa hay un jardín. Es pequeño.
En el jardín hay un árbol. Está en
el centro. También hay un banco.
Está debajo del árbol. Sobre la
puerta hay un balcón. En el balcón
hay muchas plantas.

Antonio : —Entonces, ¿es aquélla?

Bárbara : —Sí. Delante de la puerta está la
madre de Juan.

Antonio : —Buenos días, señora.
¿Está Juan en casa?

Señora : —Sí, está con los niños. Están en el
patio, detrás de la casa.

LA	CAS -A	LAS	CASA -S
EL	LIBR -O	LOS	LIBRO -S
EL	PROFESOR	LOS	PROFESOR -ES
LA	PROFESOR -A	LAS	PROFESORA -S
ESTÁ		**ESTÁN**	

La cas**a**.

Las casa**s**.

El libr**o**.

Los libro**s**.

La enfermer**a**.

Las enfermera**s**.

El doctor.

Los doctor**es**.

El gat**o**.

Los gato**s**.

Amplíe

uno

En el **jardín hay** un **árbol**.
El árbol está en el jardín.

dos

Sobre la **mesa hay** una **botella**.
La botella está sobre la mesa.

tres

Delante del hospital hay una **ambulancia**.
La ambulancia está delante del hospital.

cuatro

Detrás del hotel hay una **piscina**.
La piscina está detrás del hotel.

cinco

Debajo del árbol hay un **banco**.
El banco está debajo del árbol.

seis

Al lado del hotel hay un **teatro**.
El teatro está al lado del hotel.

siete

A la derecha hay un **cine**.
El cine está a la derecha.

ocho

A la izquierda hay una **cafetería**.
La cafetería está a la izquierda.

nueve

En la **plaza** hay una **iglesia**.
La iglesia está en la plaza.

diez

Al lado de la iglesia hay un Banco.
El Banco está al lado de la iglesia.

Hable

ESTÁ	**ESTÁN**

El libro está sobre la mesa.	_____

_____ al lado de _____	_____

_____ delante de _____	_____

_____ debajo del _____	_____
_____ a la izquierda _____	_____

_____ detrás de _____	_____

30

Practique

I **¿Dónde está Juan?** *en casa.* · —Juan está en casa.

1. ¿Dónde está Luis? *en la oficina.* · —_____

2. ¿_____ María? *en el jardín.* · —_____

3. ¿_____ Antonio? *en el hotel.* · —_____

4. ¿_____ José? *en la piscina.* · —_____

5. ¿_____ el médico? *en el hospital.* · —_____

6. ¿_____ el profesor? *en la escuela.* · —_____

7. ¿_____ el camarero? *en el bar.* · —_____

8. ¿_____ el peluquero? *en la peluquería.* · —_____

Nota especial

a + el → AL	de + el → DEL

II **¿Dónde está el árbol?** *en el centro.* · —El árbol está en el centro.

1. ¿Dónde está el diccionario? *sobre la mesa.* · —_____

2. ¿_____ el teatro? *al lado de la iglesia.* · —_____

3. ¿_____ el cine? *a la derecha.* · —_____

4. ¿_____ la piscina? *detrás del hotel.* · —_____

5. ¿_____ la ambulancia? *delante de la puerta.* · —_____

6. ¿_____ están los bancos? *debajo del árbol.* · —_____

7. ¿_____ las mesas? *en el centro.* · —_____

8. ¿_____ las ventanas? *a la izquierda.* · —_____

H A Y	un libro unos libros

[Practique]

I ¿Hay un árbol en el jardín? · —Sí, en el jardín hay un árbol.

1. ¿Hay un diccionario en la clase? · —_____

2. ¿Hay un teatro en la plaza? · —_____

3. ¿Hay un cine en esta calle? · —_____

4. ¿Hay unos gatos debajo del árbol? · —_____

5. ¿Hay una ambulancia en el hospital? · —_____

6. ¿Hay unos bancos en el jardín? · —_____

7. ¿Hay unas mesas en el bar? · —_____

8. ¿Hay una ventana en la casa? · —_____

II ¿Qué hay en la plaza? *un hotel.* · —En la plaza hay un hotel.

1. *una iglesia.* · —_____

2. *un hospital.* · —_____

3. *un teatro.* · —_____

4. *una cafetería.* · —_____

5. *unos bancos.* · —_____

6. *unos árboles.* · —_____

7. *un cine.* · —_____

8. *unas escuelas.* · —_____

Recuerde

I ¿CÓMO ES LA CASA?

puerta.	¿Cómo es la puerta?

1. jardín. · — _____

2. árbol. · — _____

3. enfermera. · — _____

4. patio · — _____

5. calle. · — _____

6. iglesia. · — _____

7. hospital. · — _____

8. hotel. · — _____

II ¿DONDE ESTÁ _____ ?

el libro.	¿Dónde está el libro?

1. el médico. · — _____

2. el gato. · — _____

3. el hotel. · — _____

4. la puerta. · — _____

5. el banco. · — _____

6. la ambulancia. · — _____

7. la mesa. · — _____

8. la clase. · — _____

Situación Ⅲ

Práctica oral: *Describa el dibujo siguiente.*

4 ¿Cómo está?

Bárbara : —Buenos días. ¿Está Juan en casa?

Madre : —Sí, está en la cama.

Carlos : —¿No está bien?

Madre : —No, está enfermo.

Carlos : —¡Hola, Juan! ¿Cómo estás?

Juan : —Estoy resfriado. Y vosotros, ¿Cómo estáis?

Bárbara : —Nosotros estamos muy bien.
Hoy es fiesta y no hay clase.

¿Un cigarrillo?

Carlos : —No, gracias.
El tabaco negro es muy fuerte.

Bárbara : —Esta habitación es muy agradable.

Juan : —Sí, pero soy muy perezoso y siempre está desordenada...
¡Qué calor...!

Carlos : —¡Claro! La ventana está cerrada...
¿Estás cómodo ahora?

Juan : —Sí, gracias. Estoy muy bien.

Esquema gramatical I

(yo) (tú) (él, ella)	ESTOY ESTÁS ESTÁ	cansado bien
(nosotros) (vosotros) (ellos, ellas)	ESTAMOS ESTÁIS ESTÁN	cansados bien

[Practique]

I ¿Cómo está Luis? ·—Luis está bien.

1. ¿Y tú? ·—_____

2. ¿Y los niños? ·—_____

3. ¿Y María? ·—_____

4. ¿Y vosotros? ·—_____

5. ¿Y Pedro y Antonio? ·—_____

6. ¿Y José? ·—_____

7. ¿Y ellos? ·—_____

8. ¿Y ella? ·—_____

II ¿Cómo estás? *enfermo.* ·—Estoy enfermo.

1. ¿Cómo está ella? *bien.* ·—_____

2. ¿Cómo estáis vosotros? *cansados.* ·—_____

3. ¿Cómo están ellos? *resfriados.* ·—_____

4. ¿Cómo estás? *enfermo.* ·—_____

5. ¿Cómo está Juan? *cómodo.* ·—_____

6. ¿Cómo está la habitación? *desordenada.* ·—_____

7. ¿Cómo está la ventana? *cerrada.* ·—_____

8. ¿Cómo estáis? *bien.* ·—_____

Amplíe

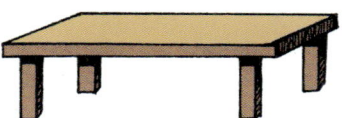

La mesa es **larga**.

La mesa está **limpia**.

Juan es **simpático**.

Juan está **enfermo**.

El **cuadro** es **estrecho**.

El cuadro está **roto**.

El médico es **inteligente**.

El médico está **cansado**.

La mesa es **redonda**.

La mesa está **sucia**.

Practique

La ventana		abierta
La puerta		estrecha
El bar		barato
El camarero	E S	simpático
El libro		ancha
El estudiante	E S T Á	agradable
La casa		cerrado
Juan		enfermo

Ⅱ ventana.

1. camarero.

2. Manolo.

3. nosotros.

4. María.

5. médico.

6. secretaria.

7. madre.

8. habitación.

—¿Cómo está la ventana?

· — _____

· — _____

· — _____

· — _____

· — _____

· — _____

· — _____

· — _____

Hable

once

ancha / cerrada.
—La ventana es ancha.
—La ventana está cerrada.

doce

agradable / abierto.
—
—

trece

simpática / cansada.
—
—

catorce

alto / enfermo.
—
—

quince

largas / sucias.
—
—

dieciséis

limpias / redondas.
—
—

diecisiete

cansados / agradables.
—
—

dieciocho

limpios / interesantes.
—
—

diecinueve

barato / roto.
—
—

veinte

grande / abierto
—
—

ESTE	libro	es	blanco
ESTO-**S**	libro-**s**	son	blanco-**s**
ESTA	mesa	es	blanca
ESTA-**S**	mesa-**s**	son	blanca-**s**
AQUEL	cuadro	es	bueno
AQUELLO-**S**	cuadro-**s**	son	bueno-**s**
AQUELLA	casa	es	alta
AQUELLA-**S**	casa-**s**	son	alta-**s**

[Practique]

Estas casas son altas. · —Aquellas casas también son altas.

1. Estos libros son baratos. · —_____
2. Estos cuadros son interesantes. · —_____
3. Estos edificios son grandes. · —_____
4. Estas ventanas están abiertas. · —_____
5. Estos sombreros están rotos. · —_____
6. Estas ventanas son altas. · —_____
7. Estas habitaciones son grandes. · —_____
8. Esta casa es alta. · —_____
9. Aquella ventana es estrecha. · —_____
10. Este estudiante está cansado. · —_____
11. Este niño está enfermo. · —_____
12. Aquella señorita es agradable. · —_____
13. Aquella calle es ancha. · —_____
14. Esta silla es cómoda. · —_____

Situación IV

Práctica oral: *Imagine un diálogo.*

1.

— _____

— _____

2.

— _____

— _____

3.

— _____

— _____

4.

— _____

— _____

5 ¿Qué desea?

Conserje : —¿Qué desea?

Estudiante : —Deseo información sobre los cursos de español.

Conserje : —Pero usted ya habla español...

Estudiante : —Hablo muy poco. Necesito perfeccionar el idioma.

Conserje : —¿De dónde es?

Estudiante: —Soy holandés.

Conserje : —¿Qué idiomas habla?

Estudiante: —Hablo inglés, alemán y francés.

Conserje : —¿Estudia o trabaja?

Estudiante: —Trabajo en una oficina de importación y por las tardes estudio.

Conserje : —¿Usa el español en el trabajo?

Estudiante : —Sí. Importamos productos españoles y sudamericanos.

Conserje : —Esto es todo. Firme aquí. Muchas gracias.

Esquema gramatical

PRESENTE EN -AR				
trabajar estudiar cantar tomar pasear pintar nadar llevar comprar	**(yo)** **(tú)** **(él, ella)** **(nosotros)** **(vosotros)** **(ellos, -as)**	trabaj-**o** trabaj-**as** trabaj-**a** trabaj-**amos** trabaj-**áis** trabaj-**an**	estudi-**o** estudi-**as** estudi-**a** estudi-**amos** estudi-**áis** estudi-**an**	**-O** **-AS** **-A** **-AMOS** **-ÁIS** **-AN**

[Practique]

I **¿Qué estudias?** *español.*   · —Estudio español.

1. ¿Qué estudia María? *inglés.*   · —_____

2. ¿Qué estudiáis vosotros? *ruso.*   · —_____

3. ¿Qué estudian José y Carlos? *francés.*   · —_____

4. ¿Qué estudia Antonio? *alemán.*   · —_____

5. ¿Qué estudia usted? *italiano.*   · —_____

II **¿Dónde trabaja usted?** *en una oficina.*   · —Trabajo en una oficina.

1. ¿Dónde trabaja Isabel? *en un hospital.*   · —_____

2. ¿Dónde trabajan ustedes? *en un bar.*   · —_____

3. ¿Dónde trabajan Luis y Carlos? *en un hotel.*   · —_____

4. ¿Dónde trabajáis vosotros? *en un banco.*   · —_____

5. ¿Dónde trabajas? en una escuela.   · —_____

Amplíe

Los Sres. López **escuchan** la **radio**.

Marta **pinta** un **cuadro**.

Pedro **toca** la **guitarra**.

Isabel **prepara** la **comida**.

Los niños **nadan** en el **río**.

Los estudiantes **pasean** por el parque.

Cantamos una **canción**.

María **lava** una **camisa**.

Carlos **lleva** una **maleta**.

José **fuma** un **cigarrillo**.

Hable

trabajar.

—*La enfermera trabaja en el hospital.*

estudiar.

—_____

nadar.

—_____

pasear.

—_____

estudiar.

—_____

tomar café.

—_____

pintar.

—_____

fumar.

—_____

comprar.

—_____

llevar.

—_____

Observe

El problema es **fácil.**
La suma es **fácil.**

Los problemas son **fácilES.**
Las sumas son **fácilES.**

El problema es **difícil.**
La fórmula es **difícil.**

Los problemas son **difícilES.**
Las fórmulas son **difícilES.**

Algunos adjetivos tienen la misma terminación para el masculino y femenino.

Los adjetivos con consonante final forman el plural añadiendo -**ES** al singular: **difícil -ES.**

Los adjetivos acabados en vocal forman el plural añadiendo -**S** al singular: **blanco -S, blanca -S**

Practique

I

1. Esta lección es fácil.   · —Estas lecciones son _____
2. Este niño es alemán.   · —_____
3. Esta casa es agradable.   · —_____
4. Este señor es inglés.   · —_____
5. Aquella enfermera es muy amable.   · —_____
6. Esta lección es muy difícil.   · —_____
7. Aquel hotel es muy grande.   · —_____
8. Este médico es español.   · —_____

¿CÓMO ES?   · —**¿CÓMO SON?**

II *Responda:*

1. ¿Cómo es el problema?   · —_____
2. ¿Cómo son los estudiantes?   · —_____
3. ¿Cómo es la casa?   · —_____
4. ¿Cómo es la lección?   · —_____
5. ¿Cómo es la enfermera?   · —_____
6. ¿Cómo es el libro?   · —_____
7. ¿Cómo es el café?   · —_____
8. ¿Cómo es el hotel?   · —_____

Recuerde

I *Forme frases usando un elemento de cada columna:*

Juan	escucha	inglés
Luis	hablan	la radio
Pedro y María	trabajas	en la universidad
Luis y yo	estudio	la guitarra
Ud.	tocáis	un cuadro
Juan y tú	pinta	flores
Tú	tomo	un vaso de vino
Yo	nadan	en el río
	compramos	

II ¿QUÉ DESEA UD.?

desear.	· —¿Qué desea Ud.?
1. cantar.	· — _____
2. estudiar.	· — _____
3. comprar.	· — _____
4. lavar.	· — _____
5. llevar.	· — _____
6. fumar.	· — _____
7. tomar.	· — _____
8. escuchar.	· — _____

Situación V

Práctica oral: *Imagine un diálogo.*

1.

— _____
— _____

2.

— _____
— _____

3.

— _____
— _____

4.

— _____
— _____

6 ¿Dónde comes?

Luis : —¿Comes hoy en casa?

Isabel : —No. A mediodía siempre como en un restaurante.

Luis : —¿Comemos juntos, entonces?

Isabel : —Estupendo. ¿Dónde?

Luis : —¿Ves aquel restaurante al otro lado de la calle? Hay un menú barato y bueno.

(En el restaurante)

Luis : —De primero hay ensalada, sopa o paella. Todos los jueves hacen paella.

Isabel : —¿Qué hay de segundo?

Luis : —Carne, huevos o pescado. Y de postre fruta y helado.

Isabel : —Bien. Yo tomo paella y después pescado.

Luis : —Yo también tomo paella. Y luego chuleta con patatas. ¿Bebemos vino?

Isabel : —Sí. Yo siempre bebo vino con la comida.

Luis : —¡Camarero, por favor!

Esquema gramatical

PRESENTE EN -ER	comer beber coser correr coger	(yo) (tú) (él)	com - **O** com - **ES** com - **E**	v - e - **O** v - e - **S** v - **E**	**-O** **-ES** **-E**
	leer comprender vender recoger ver	(nosotros) (vosotros) (ellos)	com - **EMOS** com - **ÉIS** com - **EN**	v - **EMOS** v - **ÉIS** v - **EN**	**-EMOS** **-ÉIS** **-EN**

PERO: *Hacer*

Ha - **G** - **O**

hac - **ES**

hac - **E**

hac - **EMOS**

hac - **ÉIS**

hac - **EN**

[Practique]

I   ¿Qué lees?   *un libro.*   · —Leo un libro.

1. ¿Qué bebes?   *cerveza.*   · —_____

2. ¿Qué bebe José?   *vino.*   · —_____

3. ¿Qué bebe Ud.?   *agua.*   · —_____

4. ¿Qué bebéis vosotros?   *leche.*   · —_____

5. ¿Qué lee María?   *un periódico.*   · —_____

6. ¿Qué leen los niños?   *un libro.*   · —_____

7. ¿Qué lees?   *una novela.*   · —_____

Amplíe

11. José y Carlos **beben cerveza** en el bar.

12. Los deportistas **corren** en la **pista.**

13. María **coge naranjas** en el jardín.

14. Antonio **lee** el **periódico** en el **cuarto de estar.**

15. **Vemos** una película en el cine.

16. **Vendo** libros en una **librería.**

17. Doña Isabel **cose** una camisa en su habitación.

18. Los niños **hacen** los **deberes** en casa.

19. Nosotros **leemos** la lección en clase.

20. La anciana **ve** los coches en la calle.

Hable

1. vino.

—José bebe vino.

2. parque.

—

3. novela.

—

4. las maletas.

—

5. televisión.

—

6. tienda.

—

7. deberes.

—

8. falda.

—

9. inglés.

—

10. los coches.

—

Días de la semana

—Los lunes **comemos** en un restaurante.
—Los martes **vemos** una película.
—Los miércoles **leemos** una revista.
—Los jueves **cogemos** el autobús.
—Los viernes **vemos** una obra de teatro.
—Los sábados **vendemos** periódicos.
—Los domingos **hacemos** deporte.

[Hable]

¿QUÉ DÍA ES HOY?	ES LUNES ......
¿QUÉ COMES?	COMO ......

LUNES: **pescado.**

MARTES: **tortilla.**

MIÉRCOLES: **ensalada.**

JUEVES: **paella.**

VIERNES: **entremeses.**

SÁBADO: **pollo**

DOMINGO: **chuletas.**

Recuerde

Carlos		comprende el español.
Carlos	**NO**	comprende el español.

I ¿Comprendes el inglés? · —No, no comprendo el inglés.

1. ¿Comprende Ud. el italiano? · —No, _____

2. ¿Comprendéis el ruso? · —No, _____

3. ¿Comprende Carlos el holandés? · —No, _____

4. ¿Comprende el alemán? · —No, _____

5. ¿Comprenden ellos el francés? · —No, _____

6. ¿Comprendéis el japonés? · —No, _____

7. ¿Comprenden Uds. el español? · —No, _____

José	estudia		la	lección
¿Dónde	estudia	José	la	lección?

II José estudia la lección. · —¿Dónde estudia José la lección?

1. María escucha la radio. · — _____

2. Leemos el periódico. · — _____

3. Los estudiantes toman café. · — _____

4. María vende libros. · — _____

5. Hago los deberes. · — _____

6. Antonio ve la televisión. · — _____

7. Carmen come una tortilla. · — _____

Situación VI

Práctica oral: *Imagine un diálogo.*

1.

— _____

— _____

2.

— _____

— _____

3.

— _____

— _____

4.

— _____

— _____

Fonética

g + $\left.\begin{array}{c}a \\ o \\ u\end{array}\right\}$ → [g]	g + $\left.\begin{array}{c}e \\ i\end{array}\right\}$ → [x]
gato gordo gusto	coger gente ginebra gitano

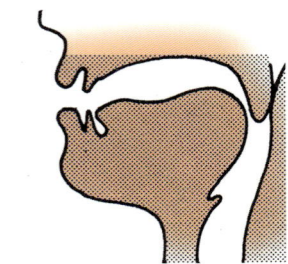

ARTICULACIÓN DE [x]

Ejemplos:

caja

gemir

gitano

Juan

1. Esta gente es muy joven.

2. Juan come naranjas.

3. José coge una caja.

4. El ingeniero bebe ginebra.

7 ¿Qué hacemos esta noche?

Luisa : —¿Tienes el periódico de hoy?

Marta : —Sí. Está sobre la mesa.
¿Para qué lo quieres?

Luisa : —Para mirar la «cartelera de espectáculos».
Esta noche podemos ver una película.

Marta : —Es una buena idea. Aquí está.

Luisa : —Gracias. Pero éste no es el periódico
de hoy. Es del día 22 de abril. Y hoy
estamos a 24.

Marta : —Perdona. Soy muy despistada. Este es.

Luisa : —A ver... Ponen una película interesante
en el cine Apolo.

Marta : —¿A qué hora empieza?

Marta : —A las 11. Ahora son las 9:30.

Luisa : —Tenemos mucho tiempo.
¿Cenamos antes?

Marta : —Por supuesto. Tengo mucha hambre.

Esquema gramatical

		E → IE	
	COMER	**QUERER**	**TENER**
PRESENTE	com **-O**	quiero	tengo
	-ES	quieres	tienes
	-E	quiere	tiene
	-EMOS	queremos	tenemos
	-ÉIS	queréis	tenéis
	-EN	quieren	tienen
	AMAR	**CERRAR**	**EMPEZAR**
PRESENTE	am **-O**	cierro	empiezo
	-AS	cierras	empiezas
	-A	cierra	empieza
	-AMOS	cerramos	empezamos
	-ÁIS	cerráis	empezáis
	-AN	cierran	empiezan

PONER: pongo, pones, pone, ponemos, ponéis, ponen

HACER: hago, haces, hace, hacemos, hacéis, hacen

Amplíe

1. **Tengo** un tocadiscos.

2. **Quiero escuchar** un disco.

3. Isabel **tiene** una **bicicleta**.

4. Isabel **quiere** comprar un coche.

5. **Tenemos** calor.

6. **Queremos** tomar un helado.

7. **Tienen** frío.

8. **Quieren** cerrar la ventana.

9. Los niños **tienen** hambre.

10. **Quieren** comprar un **bocadillo**.

Practique

I Yo tengo una guitarra, ¿y tú?   · —Yo también tengo una guitarra.

1. Yo tengo un vaso, ¿y Luis?   · —_____

2. José tiene una novela, ¿y Ud.?   · —_____

3. Uds. tienen un cuadro, ¿y ellos?   · —_____

4. Tú tienes un jardín, ¿y nosotros?   · —_____

5. Ud. tiene un gato, ¿y María?   · —_____

6. Yo tengo una maleta, ¿y Ud.?   · —_____

7. Tenemos un periódico, ¿y vosotros? · —_____

8. Tienen una radio, ¿y tú?   · —_____

TENGO	¿QUIERES ....?

II cerveza.   · —¿Quieres una cerveza?

Juan.   · —¿Quiere juan una cerveza?

1. *novela.*   · —_____

Ud.   · —_____

2. *un libro.*   · —_____

María.   · —_____

3. *un coche.*   · —_____

José   · —_____

4. *una camisa.*   · —_____

vosotros.   · —_____

5. *una silla.*   · —_____

Uds.   · —_____

6. *un gato.*   · —_____

nosotros.   · —_____

Practique

III ¿Quieres una guitarra? · —Ya tengo una.

1. ¿Quieres un diccionario? · —_____

2. ¿Quieres una radio? · —_____

3. ¿Quieren Uds. una casa? · —_____

4. ¿Quiere Juan un periódico? · —_____

5. ¿Queréis una maleta? · —_____

6. ¿Quieres una bicicleta? · —_____

7. ¿Quieren los niños un gato? · —_____

8. ¿Quiere Ud. un bocadillo? · —_____

¿QUÉ QUIERES..........?   QUIERO ....

IV ¿Qué quieres comprar? *un libro.* · —Quiero comprar un libro.

1. *un disco.* · —_____

2. *una casa.* · —_____

3. *una mesa.* · —_____

4. *una silla.* · —_____

5. *un gato.* · —_____

6. *un cuadro.* · —_____

7. *un helado.* · —_____

8. *un coche.* · —_____

La hora: ¿Qué hora es?

Es la una.

Es la una y cuarto.

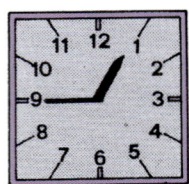
Es la una menos cuarto.

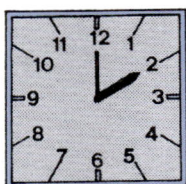
Son las dos.

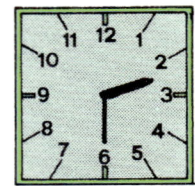
Son las dos y media.

Son las dos menos veinte.

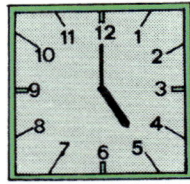
Son las cinco.

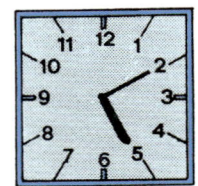
Son las cinco y diez.

Son las cinco menos cinco.

Los meses: **¿A qué estamos hoy?**

—Estamos a	1 de	ENERO.
	20 de	FEBRERO.
	10 de	MARZO.
	7 de	ABRIL.
	15 de	MAYO.
	30 de	JUNIO.
	26 de	JULIO.
	2 de	AGOSTO.
	28 de	SEPTIEMBRE.
	22 de	OCTUBRE.
	9 de	NOVIEMBRE.
	25 de	DICIEMBRE.

Hable

1. ¿Qué hora es?

_____

2. ¿A qué hora empieza la película?

_____

3. ¿A qué hora empieza la clase?

_____

4. ¿_____ el partido de fútbol?

_____

5. ¿_____ la carrera de caballos?

_____

6. ¿_____ la obra de teatro?

_____

7. ¿_____ el programa de televisión?

_____

8. ¿_____ la corrida de toros?

_____

9. ¿_____ el concierto?

_____

10. ¿_____ la carrera de coches?

_____

Situación VII

Práctica oral: *Imagine un diálogo.*

1.

— _____
— _____

2.

— _____
— _____

3.

— _____
— _____

4.

— _____
— _____

8 ¿Quién llama?

Andrés :   —¿Quién llama a la puerta?

Santiago :   —Es el cartero. Trae dos cartas para ti.
             Una está certificada.
             Es de tu familia. Tienes que firmar.

Andrés :   —Es de mi hermano. Contiene mi
             carnet de conducir.

Santiago :   —Tú recibes muchas cartas. ¿verdad?

Andrés :   —Sí. ¿y tú no?

Santiago :   —Yo recibo pocas. Soy muy perezoso
             y no escribo.

Andrés :   —Yo escribo una carta cada día, y
             así siempre tengo noticias de mis
             amigos y de mi familia.

Santiago :   —Yo telefoneo. Es más cómodo.

Andrés :   —Tienes razón. Pero es más caro.
             Mi familia vive en el extranjero, y
             cuesta mucho poner una conferencia.

PRESENTE EN -IR	ESCRIBIR	escrib **-O**	viv **-O**	**-O**
	vivir	escrib **-ES**	viv **-ES**	**-ES**
	recibir	escrib **-E**	viv **-E**	**-E**
	repartir	escrib **-IMOS**	viv **-IMOS**	**-IMOS**
	compartir	escrib **-ÍS**	viv **-ÍS**	**-ÍS**
	abrir	escrib **-EN**	viv **-EN**	**-EN**

[Practique]

I Yo escribo muchas cartas.   *él.* · —Él escribe muchas cartas.

1. *nosotros.* · —_____

2. *ellos.* · —_____

3. *María.* · —_____

4. *Uds.* · —_____

5. *José* · —_____

6. *Ud.* · —_____

7. *Carmen.* · —_____

8. *Pedro.* · —_____

II ¿Vive Ud. en el extranjero?   · —No, no vivo en el extranjero.

1. ¿Vive Isabel en Francia? · —_____

2. ¿Vivís vosotros en Inglaterra? · —_____

3. ¿Viven Uds. en Italia? · —_____

4. ¿Vivimos nosotros en América? · —_____

5. ¿Vives en Alemania? · —_____

6. ¿Vivo yo en España? · —_____

7. ¿Vive Ud. en Rusia? · —_____

8. ¿Vive Juan en Holanda? · —_____

Amplíe

1. **Vivo** en un apartamento.

2. El camarero **sirve** un café.

3. Isabel **escribe** una carta con una **pluma**.

4. **Recibimos** muchas cartas.

5. Luis **abre** la ventana.

6. El profesor **reparte** los exámenes.

7. **Comparto** un piso con Antonio.

8. **Abro** la puerta.

9. María **cubre** la mesa con un mantel.

10. Juan **sufre** mucho.

| MI
TU
SU | libro
pluma | | MIS
TUS
SUS | libros
plumas |

1. **Mi** hermano vive en el campo.
   Mi hermana vive en la ciudad.

· —**Mis** hermanos viven en el campo.
· —**Mis** hermanas viven en la ciudad.

2. **Tu** abuelo escribe un libro.
   Tu abuela escribe una nota.

· —**Tus** abuelos escriben un libro.
· —**Tus** abuelas escriben una nota.

3. **Su** amigo lee el periódico.
   Su amiga lee una revista.

· —**Sus** amigos leen el periódico.
· —**Sus** amigas leen una revista.

Hable

cuarenta

yo vivo en un apartamento.

cincuenta

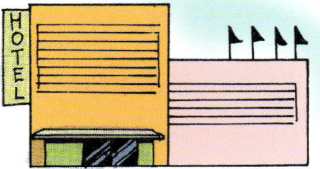

mi hermano _____

sesenta

Isabel _____

setenta

_____ amigos _____

ochenta

José _____

noventa

_____ padre _____

cien

Ud. _____

doscientos

_____ amiga _____

trescientos

Uds. _____

cuatrocientos

_____ hijos _____

Practique

I   **Mi libro es fácil.**   · —**Mis libros también son fáciles.**

1. Mi maleta es grande.   · —_____
2. Tu hermano es simpático.   · —_____
3. Su amiga es española.   · —_____
4. Tu amigo es muy amable.   · —_____
5. Su carta es muy larga.   · —_____
6. Mi diccionario es grande.   · —_____
7. Su disco es nuevo.   · —_____
8. Tu profesor es delgado.   · —_____

II   **¿Cómo es el diccionario de Juan?** *grande.*   · —**Su diccionario es grande.**

1. ¿Cómo son los sombreros de Margarita? *modernos.*   · —_____
2. ¿Cómo son los libros de Antonio? *viejos.*   · —_____
3. ¿Cómo son tus amigos? *simpáticos.*   · —_____
4. ¿Cómo son mis camisas? *nuevas.*   · —_____
5. ¿Cómo es tu habitación? *agradable.*   · —_____
6. ¿Cómo es el profesor de Luis? *alto.*   · —_____
7. ¿Cómo es tu mantel? *ancho.*   · —_____
8. ¿Cómo es la casa de María? *grande.*   · —_____

Situación VIII

Práctica oral: *Describa la siguiente situación.*

1.

— _____
— _____

2.

— _____
— _____

3.

— _____
— _____

4.

— _____
— _____

9 ¿A qué hora sale el tren?

Viajero : —¿A qué hora sale el próximo tren para Tarragona?

Empleado : —Sale a las 11:30 del andén Ⅲ.

Viajero : —¿A qué hora llega?

Empleado : —Llega a las 12:30.

Viajero : —Un billete de ida y vuelta, por favor.

Empleado : —Son cinco euros.

Viajero : —Perdone. ¿Puedo fumar?

Anciana : —Sí. No importa.

Revisor : —Billetes, por favor. Gracias.

Viajero : —Tengo que volver esta tarde a Barcelona. ¿A qué hora hay trenes?

Revisor : —Este tren regresa a las siete de la tarde. Pero puede coger otros. Hay un tren cada media hora.

Anciana : —Disculpe, joven. ¿Puedo abrir la ventana? Hace mucho calor.

Viajero : —Sí. Yo mismo la abro.

Anciana : —Gracias.

Esquema gramatical I

SALIR	O → UE	VOLVER	PODER
sal**go**		v**ue**lvo	p**ue**do
sales		v**ue**lves	p**ue**des
sale		v**ue**lve	p**ue**de
salimos		volvemos	podemos
salís		volvéis	podéis
salen		v**ue**lven	p**ue**den

[Practique]

¿A qué hora sale el tren?   · —El tren sale a las 12:00

¿A qué hora llega?   · —Llega a las 3:40

1. el tren.   10:15 / 8:00
2. el autobús.   11:10 / 5:30
3. el avión.   10:20 / 3:10
4. el cartero.   10:05 / 3:10
5. el médico.   8:45 / 9:40
6. la enfermera.   12:35 / 1:15
7. la secretaria.   4:45 / 2:22
8. la señora.   5:50 / 6:40
9. la profesora.   3:25 / 11:03
10. María.   6:25 / 11:20

Amplíe

1. El tren **sale a** las 8:00.

2. El tren **llega a** las 10:00.

3. Antonio **sale de** la oficina a las 5:00.

4. **Llega a** casa a las 5:30.

5. **Salgo a** comer a las 13:30.

6. **Vuelvo a** la oficina a las 3:45.

7. A las **8:40 cogemos** el autobús para ir a la escuela.

8. A las **9:00 llegamos** a la escuela.

Hable

¿Qué hace el Sr. Sánchez cada día?

1.

quinientos

2.

seiscientos

3.

setecientos

4.

ochocientos

5.

novecientos

6.

mil

7.

dos mil

8.

tres mil

9.

cuatro mil

10.

cinco mil

PARA MÍ

PARA TI

PARA ÉL/ ELLA

PARA NOSOTROS/ NOSOTRAS

PARA VOSOTROS/ VOSOTRAS

PARA ELLOS/ ELLAS

Practique

I Es un libro.   · —Es para mí.

1. Esta revista es de José.   · —_____

2. Ésta es tu carta.   · —_____

3. Estas flores son para María.   · —_____

4. Éstos son nuestros cuentos.   · —_____

5. Éste es vuestro coche.   · —_____

6. Este billete es de Ud.   · —_____

7. Este disco es de Antonio.   · —_____

8. Esta pluma es para Ángel.   · —_____

¿PARA QUIÉN ES?	ES PARA MÍ

II *Billete.*   · —¿Para quién es este billete?

1. *bicicleta.*   · —_____

2. *coche.*   · —_____

3. *flores.*   · —_____

4. *carta.*   · —_____

5. *diccionario.*   · —_____

6. *helado.*   · —_____

7. *bocadillo.*   · —_____

8. *periódico.*   · —_____

Situación IX

Práctica oral: *Imagine un diálogo.*

1.

— _____

— _____

2.

— _____

— _____

3.

— _____

— _____

4.

— _____

— _____

Entonación

Disculpe,   ¿puedo cerrar la ventana?

Ejercicio:

1. Disculpe, ¿puedo abrir la puerta?

2. Disculpe, ¿puedo mirar el periódico?

3. Disculpe, ¿puedo escuchar la radio?

4. Disculpe, ¿puedo fumar en clase?

5. Disculpe, ¿puedo ver la televisión?

6. Disculpe, ¿puedo leer el libro?

7. Disculpe, ¿puedo ver a Juan?

8. Disculpe, ¿puedo hablar con Usted?

9. Disculpe, ¿puedo jugar en la plaza?

10. Disculpe, ¿puedo usar tu bicicleta?

10 ¡Bienvenidas!

Policía : —¿Viajan Uds. juntas?

Ana : —Sí, señor.

Policía : —¿Puedo ver sus pasaportes?

Ana : —Aquí tiene el mío.

María : —Y éste es el mío.

Policía : —¿Son Uds. turistas?

Ana y
María : —No. Somos estudiantes. Venimos a
        hacer un curso de español.

Policía : —Bien. Todo está en orden. Gracias.

Policía : —¿Son éstas sus maletas?

Ana : —No. Éstas no son nuestras.
        Las nuestras son aquéllas.

Policía : —¿Tienen algo que declarar?

María : —No. Sólo llevamos ropa y libros.

Policía : —Pueden pasar.
           Feliz estancia en nuestro país.

Ana : —Mira. Allí están nuestros amigos
        Fernando y Luis.

Fernando y
Luis : —Bienvenidas a España.
        ¿Es éste todo vuestro equipaje?

Ana : —Sí. No tenemos nada más.

Fernando : —Entonces vamos al coche.

NUESTRO NUESTRA VUESTRO VUESTRA SU	libro casa

NUESTROS NUESTRAS VUESTROS VUESTRAS SUS	libros casas

[Practique]

I ¿De quién es este libro? *Juan.* · —Es de Juan.

1. ¿De quién es esta maleta? *Isabel.* · —_____

2. ¿De quién son estas plumas? *los niños.* · —_____

3. ¿De quién es esta casa? *mi hermano.* · —_____

4. ¿De quién es este coche? *nuestros amigos.* · —_____

5. ¿De quién son aquellos discos? *nuestras amigas.* · —_____

6. ¿De quién es esta oficina? *su tío.* · —_____

7. ¿De quién es aquel periódico? *vuestro padre.* · —_____

8. ¿De quién es esta camisa? *tu hermano.* · —_____

II ¿Son estos libros de ustedes? · —Sí, son nuestros libros.

1. ¿Son estas plumas de los niños? · —_____

2. ¿Es este coche de nuestros padres? · —_____

3. ¿Son estas maletas de las señoritas? · —_____

4. ¿Son estos cuadros de vuestros amigos? · —_____

5. ¿Son éstos nuestros diccionarios? · —_____

6. ¿Son estos coches de ustedes? · —_____

7. ¿Son estas camisas de Luis y Antonio? · —_____

8. ¿Son estas faldas de María? · —_____

Amplíe

Ésta es mi **cartera.** Es **mía.**

Aquélla es tu camisa. Es **tuya.**

Éste es tu **bolso.** Es **tuyo**.

Estas son sus maletas. Son **suyas.**

Ésta es nuestra **cocina**. Es **nuestra**.

Éstos son nuestros discos. Son **nuestros**.

Aquél es vuestro apartamento. Es **vuestro**.

Éstas son vuestras **llaves**. Son **vuestras**.

Aquéllos son mis cuadros. Son **míos**.

Éstas son tus cartas. Son **tuyas**.

MÍO TUYO SUYO MÍA, TUYA, SUYA etc...	EL MÍO EL TUYO EL SUYO LA MÍA etc...
MÍOS, TUYOS, SUYOS MÍAS, TUYAS, SUYAS etc...	LOS MÍOS LAS MÍAS etc...

[Practique]

Tu libro es interesante, pero mi libro es aburrido.

· —Tu libro es interesante, pero el mío es aburrido.

1. Mi cartera es nueva, pero tu cartera es vieja.

· —_____

2. Nuestros sombreros son buenos, pero vuestros sombreros son malos.

· —_____

3. Tus camisas están limpias, pero mis camisas están sucias.

· —_____

4. Nuestro coche es alemán, pero su coche es español.

· —_____

5. Mi lección es fácil, pero tu lección es difícil.

· —_____

6. Mis maletas están abiertas, pero tus maletas están cerradas.

· —_____

7. Vuestra casa es alta, pero nuestra casa es baja.

· —_____

8. Tu cocina es grande, pero mi cocina es pequeña.

· —_____

Hable

primero

Tu casa es alta.

La mía también es alta.

tercero

Tus cartas son interesantes.

Las _____

quinto

Sus maletas son pesadas.

Las _____

séptimo

Mis libros son nuevos.

Los _____

noveno

Su sombrero es muy elegante.

El _____

segundo

Nuestros vecinos son simpáticos.

Los _____

cuarto

Vuestro jardín es bonito.

El _____

sexto

Vuestras calles están limpias.

Las _____

octavo

Tu hijo fuma mucho.

El _____

décimo

Mis manos están sucias.

Las _____

Recuerde

MI	TU	SU	NUESTRO/-A	VUESTRO/-A	SU
MIS	TUS	SUS	NUESTROS/-AS	VUESTROS/-AS	SUS
MÍO/-A	TUYO/-A	SUYO/-A	NUESTRO/-A	VUESTRO/-A	SUYO/-A
MÍOS/-AS	TUYOS/-AS	SUYOS/-AS	NUESTROS/-AS	VUESTROS/-AS	SUYOS/-AS

[Practique]

I ¿Es tuyo este libro?   · —Sí, es mío.

1. ¿Son vuestras aquellas camisas?   · —_____

2. ¿Es de Juan aquella bicicleta?   · —_____

3. ¿Son de los Sres. Pérez aquellos apartamentos? · —_____

4. ¿Son tuyas estas cartas?   · —_____

5. ¿Es de los niños esta guitarra?   · —_____

6. ¿Es de Ud. aquel coche?   · —_____

7. ¿Son de las secretarias estas sillas?   · —_____

8. ¿Son de Juan estos cuentos?   · —_____

II El libro es mío.   · —¿De quién es el libro?

1. El tocadiscos es de Luis.   · —_____

2. La casa es nuestra.   · —_____

3. Los pasaportes son vuestros.   · —_____

4. Las maletas son del Sr. Sánchez.   · —_____

5. El sombrero es suyo.   · —_____

6. El restaurante es de Ud.   · —_____

7. Los cuadros son tuyos.   · —_____

8. Los billetes son míos.   · —_____

Situación X

Práctica oral: *Imagine un diálogo.*

1.

— _____
— _____

2.

— _____
— _____

3.

— _____
— _____

4.

— _____
— _____

11 ¿De qué color la quiere?

Vendedor : —¿Qué desea?

Cliente : —Quiero comprar una camisa.

Vendedor : —¿La quiere blanca o de color?

Cliente : —La quiero de color.

Vendedor : —Las tenemos de muchos colores: azules, verdes, amarillas, negras, rojas y a cuadros.

Cliente : —Está bien. Uso la talla 40.

Vendedor : —¿Desea algo más?

Cliente : —Sí, una corbata.

Vendedor : —¿De qué color la quiere?

Cliente : —Verde, por favor.

Vendedor : —Ésta está muy bien.

Cliente : —Sí, de acuerdo. También quiero comprar un bolso.

Vendedor : —¿Es para Usted?

Cliente : —No. Es para regalar a una amiga. Mañana es su cumpleaños.

Vendedor : —Este modelo está de moda. Lo tenemos en marrón y en negro.

Cliente : —¿Cuánto cuesta?

Vendedor : —100 euros.

Cliente : —Es un poco caro, pero es muy bonito. Lo compro.

Esquema gramatical

LO LOS	LA LAS

Practique

I Escribo una carta.　　　　· —La escribo.

　　1. Compro un sombrero.　　· —_____

　　2. Escuchamos la radio.　　· —_____

　　3. Leen el periódico.　　· —_____

　　4. Abro la ventana.　　· —_____

　　5. Hacemos el ejercicio.　　· —_____

　　6. Escribo una novela.　　· —_____

　　7. Compro un bolso.　　· —_____

　　8. Vemos un avión.　　· —_____

¿ CÓMO　　LAS　　QUIERE ?

II ¿Cómo quiere Ud. las camisas? *blancas.*　　· —Las quiero blancas.

　　1. ¿_____las corbatas? *azules.*　　· —_____

　　2. ¿_____los sombreros? *negros.*　　· —_____

　　3. ¿_____las sillas? *bajas.*　　· —_____

　　4. ¿_____las flores? *amarillas.*　　· —_____

　　5. ¿_____las faldas? *azules.*　　· —_____

　　6. ¿_____los libros? *nuevos.*　　· —_____

　　7. ¿_____las ventanas? *blancas.*　　· —_____

　　8. ¿_____las maletas? *rojas.*　　· —_____

Amplíe

ciento uno

El Sr. Pérez lleva un sombrero.
Es **gris**.

ciento dos

María compra un ramo de rosas.
Son **rojas**.

ciento tres

Antonio lleva un traje nuevo.
Es **azul**.

ciento cuatro

Isabel tiene un vestido elegante.
Es **rosa**.

ciento cinco

La Sra. Martínez lleva un abrigo.
Es **marrón**.

ciento seis

Luis prueba unos zapatos.
Son **negros**.

ciento siete

Miguel compra unos pantalones.
Son **azules**.

ciento ocho

María compra una falda.
Es **verde**.

ciento nueve

Marta compra unas medias.
Son **amarillas**.

ciento diez

Miguel compra un par de calcetines.
Son **grises**.

Practique

¿ DE QUÉ COLOR ES _____ ?

I ¿De qué color es su sombrero? *gris.* · —Mi sombrero es gris.

1. ¿De qué color son sus zapatos? *marrones.* · —_____

2. ¿De qué color es tu traje? *negro.* · —_____

3. ¿De qué color son vuestros abrigos? *azules.* · —_____

4. ¿De qué color es el sombrero de Antonio? *marrón.* · —_____

5. ¿De qué color son los pantalones de José? *grises.* · —_____

6. ¿De qué color es nuestro coche? *azul.* · —_____

7. ¿De qué color es vuestra casa? *blanca.* · —_____

8. ¿De qué color son tus calcetines? *verdes.* · —_____

II Tu camisa. · —¿De qué color es tu camisa?

1. Tus pantalones. · —_____

2. Su traje. · —_____

3. Tus medias. · —_____

4. Vuestra casa. · —_____

5. Tus zapatos. · —_____

6. Su abrigo. · —_____

7. Vuestros vestidos. · —_____

8. Nuestro coche. · —_____

Hable

Mi hermano es alto.

Tiene el pelo negro y los ojos castaños.

Lleva una corbata roja, una camisa blanca, una chaqueta azul y unos pantalones grises.

Sus zapatos son negros.

Pesa 60 kilos.

Es delgado.

Mi hermana es baja.

Tiene el pelo rubio y largo.

Sus ojos son azules.

Lleva una falda amarilla y una blusa verde.

Sus zapatos son rojos y sus medias blancas.

Pesa 59 kilos.

Es gorda.

Describa a un amigo o compañero de clase.

Recuerde

¿QUÉ QUIERES COMPRAR?   QUIERO COMPRAR _____

¿Qué quieres comprar? *una corbata.*   · —Quiero comprar una corbata.

1. *un bolso.*   · — _____

2. *una guitarra.*   · — _____

3. *un libro.*   · — _____

4. *una camisa.*   · — _____

5. *un tocadiscos.*   · — _____

6. *un televisor.*   · — _____

7. *una bicicleta.*   · — _____

8. *un coche.*   · — _____

II

¿DE QUÉ COLOR ES _____?   ¿DE QUÉ COLOR SON _____?

Mi camisa es blanca.   · —La mía también es blanca.

1. Mis pantalones son grises.   · — _____

2. Tus zapatos son marrones.   · — _____

3. Nuestras maletas son verdes.   · — _____

4. Su sombrero es azul.   · — _____

5. Vuestra casa es blanca.   · — _____

6. Tu falda es roja.   · — _____

7. Tu pelo es rubio.   · — _____

8. Sus ojos son castaños.   · — _____

Situación XI

Práctica oral: *Imagine un diálogo.*

1.

— _____
— _____

2.

— _____
— _____

3.

— _____
— _____

4.

— _____
— _____

12 ¿Qué tiempo hace hoy?

Klaus : —¿Qué tiempo hace hoy?

Antonio : —Hace sol. Podemos ir a la playa.

Klaus : —Sí, vamos. ¿No llueve nunca en este país?

Antonio : —Llueve bastante en el Norte: Galicia, Asturias, Santander y País Vasco.

Klaus : —En mi país nieva mucho. ¿Y aquí?

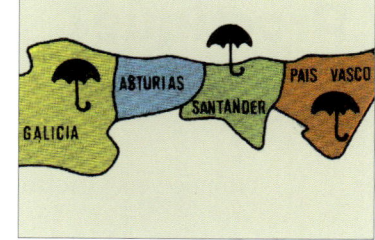

Antonio : —En invierno nieva en el Centro y en las montañas altas.

Klaus : —¿Son muy bajas las temperaturas?

Antonio : —En invierno hace frío en la meseta y en las montañas. Pero el clima siempre es suave en las costas.

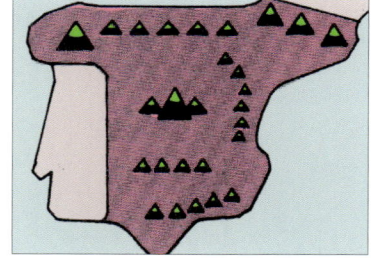

—A veces hace mucho viento, sobre todo en otoño y en invierno. En verano generalmente hace calor. En el Norte el clima es húmedo y llueve con frecuencia.

Klaus : —¿Qué estación prefieres tú?

Antonio : —Prefiero la primavera. Llueve de vez en cuando. Pero a menudo hace sol. La temperatura es muy agradable en todo el país.

IR A		VENIR DE	
voy		vengo	
vas		vienes	
va	a casa	viene	de casa
vamos		venimos	
vais		venís	
van		vienen	

[Practique]

I ¿A dónde va Juan? *estación.* · —Va a la estación.

1. ¿A dónde vais vosotros? *playa.* · —_____

2. ¿A dónde va Luisa? *Madrid.* · —_____

3. ¿A dónde van los niños? *escuela.* · —_____

4. ¿A dónde van las enfermeras? *hospital.* · —_____

5. ¿A dónde va Ud.? *oficina.* · —_____

6. ¿A dónde vas? *cine.* · —_____

7. ¿A dónde va José? *teatro.* · —_____

8. ¿A dónde van Uds.? *casa.* · —_____

II ¿De dónde viene Juan? *estación.* · —Viene de la estación.

1. *playa.* · —_____

2. *Madrid.* · —_____

3. *escuela.* · —_____

4. *hospital.* · —_____

5. *oficina.* · —_____

6. *cine.* · —_____

7. *jardín.* · —_____

8. *peluquería.* · —_____

Amplíe

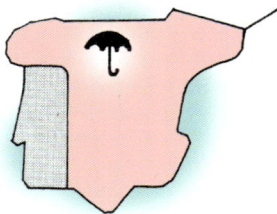

En el **Norte llueve** con frecuencia.

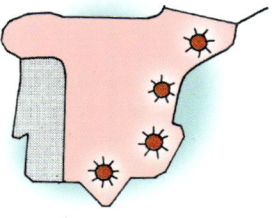

Siempre hace buen tiempo en las costas del **Este** y del **Sur**.

A menudo hace frío en el **Centro** y en el **Oeste**.

A veces llueve en primavera.

En invierno nieva a menudo en **las montañas.**

En verano siempre **hace calor.**

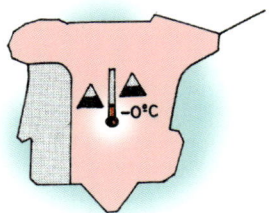

A veces las **temperaturas** son **bajas** en el Centro y en las montañas.

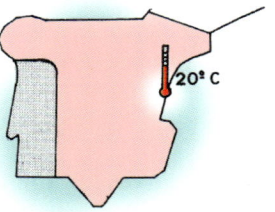

Las temperaturas **nunca** son bajas en la Costa.

Practique

I ¿DÓNDE NIEVA CON FRECUENCIA?

A menudo llueve en el Norte. · —¿Dónde llueve a menudo?

1. El clima siempre es húmedo en el Norte. · —_____

2. A veces nieva en las montañas. · —_____

3. A veces hace mucho viento en el Este. · —_____

4. Siempre hace calor en las costas del Sur. · —_____

5. No nieva nunca en las costas. · —_____

6. De vez en cuando llueve en el Este. · —_____

7. En invierno nieva con frecuencia en las montañas. · —_____

8. Las temperaturas son bajas en la meseta. · —_____

II ¿CUÁNDO VAS AL CINE?

¿Cuándo vas al cine? *de vez en cuando.* · —**Voy al cine de vez en cuando.**

1. ¿Cuándo haces los deberes? *todos los días.* · —_____

2. ¿Cuándo vais al teatro? *a menudo* · —_____

3. ¿Cuándo fumas? *nunca.* · —_____

4. ¿Cuándo lees el periódico? *siempre.* · —_____

5. ¿Cuándo vas a la playa? *con frecuencia.* · —_____

6. ¿Cuándo vas al campo? *a veces.* · —_____

7. ¿Cuándo ves la televisión? *nunca.* · —_____

8. ¿Cuándo nieva aquí? *de vez en cuando.* · —_____

Hable

ciento diez

En invierno llueve a menudo.

ciento veinte

ciento treinta

ciento cuarenta

ciento cincuenta

ciento sesenta

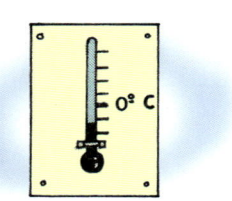

ciento setenta

ciento ochenta

ciento noventa

doscientos

El día

Por la mañana salimos de casa a las 8:30.

A mediodía vamos a casa. Comemos a las 2:00.

Por la tarde volvemos a la escuela. Entramos a las 3:30.

Salimos de la escuela a las 5. **Al atardecer** llegamos a casa.

Por la noche hacemos los deberes. Cenamos a las 9 y vamos a la cama a las 10.

Los domingos no vamos a la escuela. **Por la mañana** dormimos hasta las 11. Y **por la tarde** vamos al cine.

Practique

I ¿Cuándo vas a la oficina?   *por la mañana.*

· —Voy a la oficina por la mañana.

1. ¿Cuándo va Ud. al restaurante? *a mediodía.*   · —_____

2. ¿_____ toman café? *por la tarde.*   · —_____

3. ¿_____ vuelve Ud. a casa? *al atardecer.*   · —_____

4. ¿_____ lee el periódico? *a mediodía.*   · —_____

5. ¿_____ ve la televisión? *por la noche.*   · —_____

6. ¿_____ ve a sus amigos? *por la tarde.*   · —_____

7. ¿_____ sale de casa? *por la mañana.*   · —_____

8. ¿_____ vuelve a casa? *por la noche.*   · —_____

POR LA MAÑANA	POR LA TARDE
A MEDIODÍA	AL ATARDECER

II Salgo de casa por la mañana.   · —¿Sale Ud. de casa por la mañana?

1. Voy al restaurante a mediodía.   · —_____

2. Uds. toman café por la tarde.   · —_____

3. Regreso a casa al atardecer.   · —_____

4. Leo el periódico por la mañana.   · —_____

5. Voy al cine por la noche.   · —_____

6. Hago la comida a mediodía.   · —_____

7. Voy a la cama a medianoche.   · —_____

8. Tomo café por la tarde.   · —_____

Situación XII

Práctica oral: *Imagine un diálogo.*

1.

— _____

— _____

2.

— _____

— _____

3.

— _____

— _____

13 ¿Quién es?

Teresa : —Diga... ¿quién es?

Carlos : —Soy Carlos.
¿Qué vas a hacer esta tarde?

Teresa : —No sé. ¿Por qué?

Carlos : —Mañana es mi cumpleaños y voy a dar una fiesta. ¿Puedes venir?

Teresa : —Por supuesto. ¿Vas a invitar a mucha gente?

Carlos : —Voy a invitar a muchos compañeros de clase y a otros amigos.

Teresa : —¿Cuántos cumples?

Carlos : —Veinticuatro.

Teresa : —¡Hombre! ¡Tenemos la misma edad! Yo también voy a cumplir 24 el mes que viene. ¿Vas a la Escuela esta tarde?

Carlos : —No. Tengo mucho trabajo. Voy a ordenar el apartamento y después voy a salir para comprar bebidas y comida.

Teresa : —Hasta mañana, entonces.

Carlos : —Hasta mañana.

IR A + INFINITIVO			
VOY VAS VA VAMOS VAIS VAN	A	comprar	un libro

[Practique]

I ¿Qué vas a hacer? *la cama.* · —Voy a hacer la cama.

1. ¿Qué va comprar Ud.? *un disco.* · —_____

2. ¿Qué van a tomar Uds.? *vino.* · —_____

3. ¿Qué vamos a visitar? *el museo.* · —_____

4. ¿Qué vais a estudiar? *la lección.* · —_____

5. ¿Qué van a comprar Uds.? *un coche.* · —_____

6. ¿Qué vas a ver? *una película.* · —_____

7. ¿Qué vamos a comer? *pollo.* · —_____

8. ¿Qué va Ud. a pintar? *la casa.* · —_____

II Luis va a pintar. · —¿Va Luis a pintar?

1. María y Carlos van a nadar. · —_____

2. Vamos a celebrar una fiesta. · —_____

3. Isabel va a hacer la cena. · —_____

4. Vais a la escuela. · —_____

5. Yo voy a trabajar. · —_____

6. José va a visitar a unos amigos. · —_____

7. Uds. van a ordenar el apartamento. · —_____

8. María va a visitar a su amigo. · —_____

Amplíe

mil

Isabel **va a** visitar a sus amigas.

mil uno

Los niños **van a** ver una película.

mil dos

Miguel **va a** pintar la pared.

mil tres

Vamos a hacer una excursión.

mil cuarenta

Antonio **va a** limpiar el coche.

mil cincuenta

Isabel y Carmen **van a** bailar.

mil noventa

Voy a saludar a José Antonio.

mil noventa y nueve

Luis y Carlos **van a** escalar una montaña.

Practique

I | **¿A QUIÉN VAS A VISITAR?** | **¿QUÉ VAS A VISITAR?**

Voy a visitar a un amigo.　　　　·　—¿A quién vas a visitar?

1. Vamos a ver a José.　　　　　·　—_____

2. Voy a pintar la habitación.　　·　—_____

3. Voy a escribir a Carlos.　　　·　—_____

4. Vamos a escribir una carta.　·　—_____

5. Vamos a saludar a Antonio.　·　—_____

6. Voy a ver una película.　　　·　—_____

7. José va a visitar un museo.　·　—_____

8. Isabel va a comprar un libro.　·　—_____

II | **¿QUIÉN _____?** | **¿A QUIÉN _____?**

Isabel abre la ventana.　　　　·　—¿Quién abre la ventana?

María escribe a José.　　　　　·　—¿A quién escribe María?

1. Luis visita el museo.　　　　　·　—_____

2. Carmen saluda a Manolo.　　·　—_____

3. José ve una película.　　　　·　—_____

4. Antonio ve a sus amigos.　　·　—_____

5. Luis espera el autobús.　　　·　—_____

6. Miguel espera a María.　　　·　—_____

7. Roberto escucha la radio.　　·　—_____

8. Los estudiantes escuchan al profesor.　·　—_____

Esquema gramatical II

A él → LO	A ella → LA
A ellos → LOS	A ellas → LAS

[Practique]

I Voy a esperar a Isabel.   · —Voy a esperarla.

1. Voy a visitar a Carmen y a María.   · —_____
2. Voy a ver a Carlos.   · —_____
3. Antonio va a esperar a Marta.   · —_____
4. Voy a escuchar a Miguel.   · —_____
5. Vamos a ver a los niños.   · —_____
6. Vamos a despedir a José y a Carlos.   · —_____
7. José va a recibir a sus amigos.   · —_____
8. Van a saludar a su profesor.   · —_____

La edad

Mi padre tiene 40 años. Va a cumplir
41 la semana que viene.

Mi abuelo tiene 85 años. Va a cumplir
86 el lunes que viene.

Mi madre tiene 39 años. Va a cumplir
40 pasado mañana.

Mi hermana tiene 21 años. Va a cumplir
22 el domingo que viene.

Mis tíos tienen 33 años. Van a cumplir
34 el sábado que viene.

Mi primo tiene 16 años. Va a cumplir
17 el martes que viene.

Practique

TENGO   VEINTICUATRO   AÑOS

¿Cuántos años tienes?   *24.* · —Tengo 24. Voy a cumplir 25.

1. ¿Cuántos años tiene José?   *25.* · —_____

2. ¿_____ Ud.?   *30.* · —_____

3. ¿_____ María?   *21.* · —_____

4. ¿_____ tu madre?   *42.* · —_____

5. ¿_____ tu prima?   *22.* · —_____

6. ¿_____ tu tío?   *34.* · —_____

7. ¿_____ tu hermano?   *19.* · —_____

8. ¿_____ tu abuelo?   *82.* · —_____

¿CUÁNTOS   AÑOS   VAS   A   CUMPLIR?

tu hermano. · —¿Cuántos años va a cumplir tu hermano?

1. *tu hermana.* · —_____

2. *tu madre.* · —_____

3. *tu padre.* · —_____

4. *tu abuelo.* · —_____

5. *tu primo.* · —_____

6. *tu tío.* · —_____

7. *tu tía.* · —_____

8. *tu abuela.* · —_____

Situación XIII

Práctica oral: *Imagine un diálogo.*

¿Qué van a hacer el domingo?

1.

———————————————
———————————————

2.

———————————————
———————————————

3.

———————————————
———————————————

4.

———————————————
———————————————

14 ¿Qué es?

Varios : —Felicidades. Carlos.

Carlos : —Gracias.

Ana : —Ahora vamos a ver los regalos. Toma. Éste es el mío.

Carlos : —Muchas gracias. ¿Qué es?

Ana : —Una sorpresa. Abre el paquete.

Carlos : —A ver... ¡Una corbata! Es muy bonita.

Luis : —Aquí tienes otro. Desata el paquete.

Carlos : —¡Cuántos nudos! Dentro hay otro paquete.

Luis : —Ábrelo también.

Carlos : —Un encendedor. ¿Cómo funciona?

Luis : —Con pilas. Aprietas este botón y ¡ya está! : encendido. Ahora, ¡apágalo tú!

Varios : —¡Bravo!

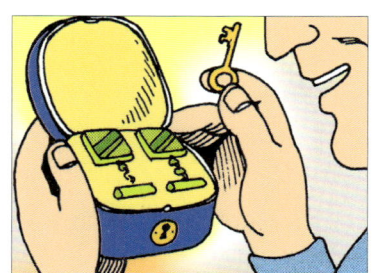

José : —Otro regalo. Está en una caja, pero está cerrada con llave.

Isabel : —Yo tengo la llave. Cógela y abre.

Carlos : —Ya está. ¡Unos gemelos! Ahora vamos a apagar las velas del pastel.

Varios : —¡Animo! Sopla fuerte.

	ESCUCHAR			No escuch -es	
	escuch **-a**	(tú)		-éis	
	-ad	(vosotros)	la radio	No escuch -e Ud.	la radio
	escuch **-e**	(Ud.)		-en Uds.	
	-en	(Uds.)			
	LEER			No le -as	
	le **-e**	(tú)		-áis	
IMPERATIVOS REGULARES	**-ed**	(vosotros)	el periódico	No le -a Ud.	el periódico
	le **-a**	(Ud.)		-an Uds.	
	-an	(Uds.)			
	ABRIR			No abr -as	
	abr **-e**	(tú)		-áis	
	-id	(vosotros)	la ventana	No abr -a Ud.	la ventana
	abr **-a**	(Ud.)		-an Uds.	
	-an	(Uds.)			

[Practique]

I tú   *un café.*   · —toma un café.

1. tú   una cerveza.   · —_____

2. Ud.   un vaso de vino.   · —_____

3. Uds.   un té.   · —_____

4. vosotros   un helado.   · —_____

5. tú   un bocadillo.   · —_____

6. vosotros   la leche.   · —_____

7. Ud.   un jerez.   · —_____

8. Uds.   un vaso de agua.   · —_____

Amplíe

Pague Ud. la **factura**.

No pague la factura.

Abrid los libros.

No abráis los libros.

Crucen Uds. la calle.

No crucen la calle

Coge un **taxi**.

No cojas un taxi.

Escuchad la radio.

No escuchéis la radio.

Esquema gramatical II

	PRESENTE	IMPERATIVO		
		tú	Ud.	Uds.
EMPEZAR	empiez-o	-a	-e	-en
CERRAR	cierr-o	-a	-e	-en
PENSAR	piens-o	-a	-e	-en
VOLVER	vuelv-o	-e	-a	-an
CONTAR	cuent-o	-a	-e	-en
PEDIR	pid-o	-e	-a	-an
SEGUIR	sig-o	-e	-a	-an
SERVIR	sirv-o	-e	-a	-an
	PERO : **cerrad, volved, pedid, etc...**			

[Practique]

I **No cierre Ud. la ventana.**   · **—Cierre la ventana.**

1. No pienses en mañana.   · —_____

2. No vuelvan esta noche.   · —_____

3. No pidas más cerveza.   · —_____

4. No recuerdes la lección.   · —_____

5. No cierres las maletas.   · —_____

6. No pidan más regalos.   · —_____

7. No duerman por la tarde.   · —_____

8. No cuelgues este cuadro.   · —_____

Hable

Cierren los libros.
***No** cierren los libros.*

Cuente Ud. las monedas.

Desata el zapato.

Vuelve en tren.

Piensa en tus hijos.

Recuerde Ud. aquel día.

Pida una ensalada.

Cuelgue Ud. este cuadro.

Recuerde

- NO	- lo	Tómalo tomes

[Practique]

I Toma un café.   · —No lo tomes.

  1. Abre la puerta.   · —_____

  2. Coge el libro.   · —_____

  3. Paga la factura.   · —_____

  4. Compra las guitarras.   · —_____

  5. Corrige los ejercicios.   · —_____

  6. Mira las fotos.   · —_____

  7. Lee los periódicos.   · —_____

  8. Cruza la calle.   · —_____

II

COMPRE UD. UN BOLSO	NO LO COMPRE
LEAN UDS. EL LIBRO	NO LO LEAN

Escuchen al profesor.   · —No lo escuchen.

  1. Lean Uds. la lección.   · —_____

  2. Cruce Ud. la calle.   · —_____

  3. Pinten la habitación.   · —_____

  4. Tome Ud. una cerveza.   · —_____

  5. Abran los libros.   · —_____

  6. Mire el cuadro.   · —_____

  7. Cuente las monedas.   · —_____

  8. Desata el paquete.   · —_____

Situación XIV

1.

— _____
— _____

2.

— _____
— _____

3.

— _____
— _____

4.

— _____
— _____

5.

— _____
— _____

6.

— _____
— _____

Entonación

Compra   el   libro.

Ejercicios prácticos :

1. Abre la puerta.

2. Coge el libro.

3. Paga la factura.

4. Compra las guitarras.

5. Corrige los ejercicios.

6. Mira las fotos.

7. Lee los periódicos.

8. Cruza la calle.

15 Cómpranos un helado

Juanito : —Dame la pelota.

Luisito : —No quiero. Es mía.

Juanito : —¡Mamá, mamá!

Madre : —¿Qué os pasa, niños?

Juanito : —Luisito no me deja la pelota.

Madre : —Luisito, no seas malo. ¿Por qué no jugáis los dos con ella?

Luisito : —Es mía. El tampoco me deja la bicicleta.

Madre : —No gritéis. Sed buenos. Luisito, dale la pelota a tu hermano un rato.

Luisito : —Te dejo la pelota si me dejas la bicicleta.

Madre : —Juanito, déjale la bicicleta a Luisito, y tú déjale la pelota a Juanito. Si sois buenos, os compro caramelos.

Juanito y
Luisito : —No nos gustan los caramelos. Tenemos sed. Cómpranos helados.

Madre : —Está bien. Por fin estáis de acuerdo.

Esquema gramatical I

GUSTAR	ME TE LE NOS OS LES	GUSTA	el cine	(a mí) (a ti) (a él, a ella, a Ud.)
		GUSTAN	las flores	(a nosotros) (a vosotros) (a ellos, a ellas, a uds.)

[Practique]

I **¿Qué te gusta?** *el cine.* · —Me gusta el cine.

1. ¿Qué le gusta a José? *el teatro.* · —_____

2. ¿Qué os gusta a vosotros? *la música.* · —_____

3. ¿Qué le gusta a Ud.? *el verano.* · —_____

4. ¿Qué le gusta a María? *la playa.* · —_____

5. ¿Qué te gusta? *la montaña.* · —_____

6. ¿Qué os gusta a vosotros? *el fútbol.* · —_____

7. ¿Qué nos gusta a nosotros? *el campo.* · —_____

8. ¿Qué les gusta a Uds.? *la ciudad.* · —_____

II *Repita el ejercicio anterior con plurales:*

III **¿Qué te gusta?** *las flores.* · —Me gustan las flores.

1. *los caballos.* · —_____

2. *los gatos.* · —_____

3. *las novelas.* · —_____

4. *las guitarras.* · —_____

5. *los pasteles.* · —_____

6. *los niños.* · —_____

7. *los libros.* · —_____

8. *los discos.* · —_____

Amplíe

CómpraME un libro.

EnviadNOS una postal.

RegálaLE un disco.

RecomiéndaLES un restaurante.

VéndaME un diccionario.

DaLE la bicicleta.

ExplíqueNOS la lección.

PréstaME una pluma.

EscríbeME una carta.

TráeNOS un vaso de agua.

Practique

CÓMPRAME UN LIBRO

Necesito un libro. *comprar.* · —Cómprame un libro.

1. María quiere una pluma. *regalar.* · —_____

2. Necesito un diccionario. *vender.* · —_____

3. Quiero una novela. *recomendar.* · —_____

4. Necesita un lápiz. *prestar.* · —_____

5. Antonio quiere una guitarra. *comprar.* · —_____

6. Quiero un cigarrillo. *dar.* · —_____

7. José quiere una carta. *escribir.* · —_____

8. Quiere un café. *pedir.* · —_____

PRÉSTANOS UN DICCIONARIO.

Queremos un diccionario. *prestar.* · —Préstanos un diccionario.

1. Los niños quieren una bicicleta. *regalar.* · —_____

2. Las secretarias necesitan plumas. *comprar.* · —_____

3. Necesitamos un tocadiscos. *vender.* · —_____

4. Ellas quieren flores. *regalar.* · —_____

5. Queremos leer una novela. *recomendar.* · —_____

6. Necesitan una mesa. *prestar.* · —_____

7. Quieren recibir cartas. *escribir.* · —_____

8. Necesitamos una llave. *dar.* · —_____

Observe

Esquema gramatical II

		(tú)	(Usted)	PRESENTE
ALGUNOS IMPERATIVOS IRREGULARES	PONER	pon	ponga	pongo
	VENIR	ven	venga	vengo
	TENER	ten	tenga	tengo
	HACER	haz	haga	hago
	SALIR	sal	salga	salgo
	PERO : poned, venid, salid...			
	SER	sé	sea	soy
	IR	ve	vaya	voy
	DECIR	di	diga	digo
	PERO: sed, id, venid...			

[Practique]

I Ven al bar. ⋅ —No vengas al bar.

1. Pon el vaso sobre la mesa. ⋅ —_____
2. Haz los deberes. ⋅ —_____
3. Sal de la clase. ⋅ —_____
4. Ten paciencia. ⋅ —_____
5. Sé amable. ⋅ —_____
6. Di quién eres. ⋅ —_____
7. Ven a casa. ⋅ —_____

Hable

—¿Pongo el libro sobre la mesa?

—*Pon el libro sobre la mesa.*

—¿Me das un libro?

—_____

—¿Salgo a la calle?

—_____

—¿Ponemos la radio?

—_____

—¿Decimos que sí?

—_____

—¿Vengo a pintar la habitación?

—_____

—¿Hago la comida?

—_____

—¿Digo la verdad?

—_____

—¿Hacemos los deberes?

—_____

—¿Salimos esta tarde?

—_____

Situación XV

Práctica oral: *Imagine un diálogo.*

1.

— _____
— _____

2.

— _____
— _____

3.

— _____
— _____

4.

— _____
— _____

16 Me gusta el más caro

Tomás : —¿Qué abrigo te gusta más?

Carmen : —Éste me gusta mucho. Pero, no sé...
Es difícil elegir.

Tomás : —Oiga, ¿cuánto cuesta este abrigo?

Dependiente : —1,000 euros. Es de piel de visón.

Tomás : —¡Oh! Es muy caro.

Carmen : —Sí. Pero es precioso.

Dependiente : —Éste es más barato, pero no es tan bueno. Es de piel de zorro.

Carmen : —No está mal. Pero prefiero ése.
Es más suave y mucho más bonito.

Tomás : —Me parece una tontería gastar tanto dinero en un abrigo.

Carmen : —Y tú, ¿por qué quieres comprar un coche nuevo?

Tomás : —Es diferente. Lo necesito porque el otro está viejo.

Carmen : —Y mis abrigos también están viejos.
Además, también necesito un abrigo de pieles.

Tomás : —¿Por qué no compramos uno más barato?

Carmen : —No seas tacaño. ¿Quieres comprarme el peor abrigo de la tienda?

Tomás : —No siempre el más caro es el mejor.

Carmen : —Dices eso porque no es para ti.

Tomás : —Está bien. Estoy cansado de discutir.
Oiga, pónganos ése.

El libro es	MÁS MENOS	barato	QUE	el cuaderno
El libro es	TAN	bonito	COMO	
Es	el libro	MÁS	interesante de la biblioteca	

[Practique]

I Este abrigo es caro. · —Aquél es más caro.

1. Esta casa es pequeña. · —_____

2. Esta habitación es grande. · —_____

3. Estas sillas son cómodas. · —_____

4. Estos árboles son altos. · —_____

5. Este libro es interesante. · —_____

6. Estas ventanas son estrechas. · —_____

7. Esta camisa es bonita. · —_____

8. Este coche es nuevo. · —_____

II Aquella película es interesante. · —Ésta es menos interesante.

1. Aquel libro es importante. · —_____

2. Aquellos ejercicios son difíciles. · —_____

3. Aquel disco es caro. · —_____

4. Aquellas chicas son serias. · —_____

5. Aquellos cuadros son modernos. · —_____

6. Aquel estudiante es perezoso. · —_____

7. Aquel bar es agradable. · —_____

8. Aquella mesa es larga. · —_____

Amplíe

ESTE edificio es moderno.

ÉSE es más moderno que éste.

AQUÉL es el más moderno de la ciudad.

ESTE camarero es amable.

ÉSE es más amable que éste.

AQUÉL es el más amable del bar.

ESTA secretaria es inteligente.

ÉSA es más inteligente que ésta.

AQUÉLLA es la más inteligente de la oficina.

ESTA máquina es complicada.

ÉSA es menos complicada que ésta.

AQUÉLLA es la menos complicada de la fábrica.

ESTE libro es interesante.

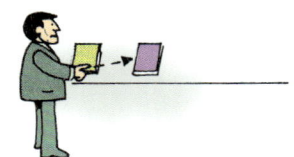

ÉSE es menos interesante que éste.

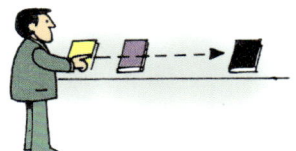

AQUÉL es el menos interesante de la biblioteca.

Practique

I ¿Es Juan alto?

· —Sí, Juan es alto.

¿Y Luis?

· —Luis es más alto que Juan.

1. ¿Es María inteligente?

· —_____

¿Y Carmen?

· —_____

2. ¿Es interesante este libro?

· —_____

¿Y aquél?

· —_____

3. ¿Es amable este camarero?

· —_____

¿Y ése?

· —_____

4. ¿Es simpático Miguel?

· —_____

¿Y Luis?

· —_____

5. ¿Es moderno este cuadro?

· —_____

¿Y ése?

· —_____

EL LIBRO ES MENOS INTERESANTE QUE LA PELÍCULA

II ¿Es caro el libro?

· —Sí, el libro es caro.

¿Y el televisor?

· —El televisor es menos caro que el libro.

1. ¿Es inteligente José?

· —_____

¿Y Juan?

· —_____

2. ¿Es complicada esta máquina?

· —_____

¿Y ésa?

· —_____

3. ¿Es moderno este edificio?

· —_____

¿Y aquél?

· —_____

4. ¿Es importante ese escritor?

· —_____

¿Y ése?

· —_____

5. ¿Es ruidosa esta calle?

· —_____

¿Y la otra?

· —_____

6. ¿Es perezosa María?

· —_____

¿Y Luisa?

· —_____

Este Televisor es **BUENO**.

Ése es **MEJOR**.

Aquél es **EL MEJOR**.

Este coche es **MALO**.

Ése es **PEOR**.

Aquél es **EL PEOR**.

Antonio es **MENOR** que
José

José es **MAYOR** que
Antonio y **MENOR** que
Luis.

Luis es **EL MAYOR** de los
tres.

[Practique]

¿Está Ud. mejor?   · —No, estoy peor.

1. ¿Tienes el peor libro?   · —No, _____

2. ¿Eres el menor de la familia?   · —No, _____

3. ¿Es María la mayor de las hermanas? · —No, _____

4. ¿Es Antonio el peor estudiante?   · —No, _____

5. ¿Son éstos los peores cuadros?   · —No, _____

6. ¿Son aquéllas las mejores tiendas? · —No, _____

7. ¿Son ellas las menores del grupo?   · —No, _____

8. ¿Son Uds. los mayores de la familia? · —No, _____

Hable

Mi pelo es corto.

Mi pelo es **tan** corto **como** el tuyo.

Tu pelo también es corto.

Este bolso es caro.

Aquél también es caro.

Este árbol es alto.

Aquél también es alto.

Estas señoritas son jóvenes.

Aquéllas también son jóvenes.

Luis es inteligente.

Miguel también es inteligente.

Situación XVI

Práctica oral: *Imagine un diálogo.*

1.

— _____

— _____

2.

— _____

— _____

3.

— _____

— _____

4.

— _____

— _____

Fonética

[θ]   INTERDENTAL FRICATIVA SORDA.

Corresponde a la «z» y a la «c» cuando está seguida de i/e.

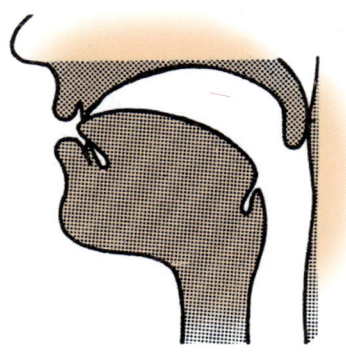

zapato.

difí**c**il.

zorro.

ne**c**esitar.

habita**c**ión.

edifi**c**io.

Articulación de la   [θ].

Ejercicios prácticos:

1. El cielo de diciembre es azul.

2. Los cigarrillos cuestan cien pesetas.

3. Los zapatos son caros.

4. El cine comienza a las diez.

5. La lección es difícil.

6. Necesito comprar carne.

7. Pepe conduce mal el coche.

8. Canta una canción interesante.

17 ¿Habéis encontrado piso?

Alberto : —¡Hola! ¿A dónde vais?

Carlos y
Luis : —Vamos a la pensión. Estamos muy cansados.

Alberto : —¿Todavía no habéis encontrado piso?

Carlos : —No. Esta mañana hemos visto tres, pero no nos gustan.

Alberto : —Yo también he decidido cambiar de casa. Ahora vivo en una pensión: pero mi habitación es oscura y pequeña. Además, la casa está en una calle muy ruidosa y no puedo estudiar.

Carlos : —¿Quieres venir con nosotros?

Alberto : —Estupendo. Esta mañana he visto un apartamento y puede interesarnos. Podemos verlo esta tarde para alquilarlo.

Carlos : —De acuerdo. Nosotros hemos mirado los anuncios del periódico y hemos señalado varios. Pero todavía no los hemos visto.

Alberto : —¿A qué hora nos encontramos, entonces?

Carlos : —Podemos encontrarnos en el «Café Colón» después de comer. ¿Te parece bien a las tres?

Alberto : —De acuerdo. ¡Hasta luego!

Carlos y
Luis : —¡Hasta luego!

PERFECTO	(yo) **HE** (tú) **HAS** (él) **HA** (nosotros) **HEMOS** (vosotros) **HABÉIS** (ellos) **HAN**	**comprado** **bebido** **servido**	una cerveza
	compr-**ar** beb-**er** serv-**ir**	compr-**ADO** beb-**IDO** serv-**IDO**	

[Practique]

I Yo he comprado un libro. ¿Y tú? · —Yo también he comprado un libro.

1. ¿Y María? · —_____

2. ¿Y José? · —_____

3. ¿Y vosotros? · —_____

4. ¿Y ellas? · —_____

5. ¿Y Ud.? · —_____

6. ¿Y Uds.? · —_____

7. ¿Y tú? · —_____

8. ¿Y ellos? · —_____

II He leído una revista. ¿Y Ud.? · —_____

etc... · —_____

III He recibido una carta. ¿Y tú? · —_____

etc... · —_____

Amplíe

Todavía no **ha llegado** el tren.

María **ha comprado** un bolso.

Nunca **hemos estado** en China.

Juan **ha ido** al museo.

Aún no **han reparado** el televisor.

Ha llovido toda la tarde.

Ya **he recogido** los papeles.

Este invierno **ha nevado** mucho.

Ya **ha salido** el tren.

Hemos alquilado un coche.

Practique

TODAVÍA NO HA LLEGADO

I ¿Ha llegado el tren? · —No, todavía no ha llegado.

1. ¿Has comprado el periódico? · —_____

2. ¿Habéis leído la novela? · —_____

3. ¿Ha recibido José tu carta? · —_____

4. ¿Ha venido el cartero? · —_____

5. ¿Ha alquilado Ud. un coche? · —_____

6. ¿Has encontrado piso? · —_____

7. ¿Ha visitado Ud. el museo? · —_____

II Estudie la lección. · —Ya la he estudiado.

1. Compre los libros. · —_____

2. Venda su coche. · —_____

3. Limpie los cristales. · —_____

4. Coge un taxi. · —_____

5. Vete a la estación. · —_____

6. Aprende los verbos. · —_____

7. Sirve la comida. · —_____

8. Escuchen este disco. · —_____

Esquema gramatical II

I

ver	→ VISTO	hacer	→ HECHO	
poner	→ PUESTO	abrir	→ ABIERTO	
romper	→ ROTO	escribir	→ ESCRITO	
	decir	→ DICHO		

Haz los ejercicios.   · —¿Has hecho los ejercicios?

1. Ve esta película.   · —_____

2. Escribe la carta.   · —_____

3. Pon un disco.   · —_____

4. Abre la puerta.   · —_____

5. Di la verdad.   · —_____

6. Haz el ejercicio.   · —_____

7. Ve el programa de esta noche.   · —_____

8. Rompe esa botella.   · —_____

II

LA LO	he visto	LAS LOS	he visto

¿Vais a ver esa película?   · —Ya la hemos visto.

1. ¿Vais a escribir las cartas?   · —_____

2. ¿Vas a deshacer las maletas?   · —_____

3. ¿Va a hacer los deberes?   · —_____

4. ¿Va Ud. a decir la verdad?   · —_____

5. ¿Van a abrir las puertas?   · —_____

6. ¿Va a poner la radio?   · —_____

7. ¿Vamos a ver el piso?   · —_____

8. ¿Vas a escribir un libro?   · —_____

Hable

—¿Has visto mi paraguas?

—Sí, **lo** he visto.

—¿Habéis hecho los deberes?

—_____

—¿Habéis abierto las ventanas?

—_____

—¿Has puesto la radio?

—_____

—¿Ha escrito Ud. esta carta?

—_____

—¿Me has dicho la verdad?

—_____

—¿Habéis roto el cristal?

—_____

—¿Has deshecho la cama?

—_____

Recuerde

GUSTAR	PREFERIR

¿Te gusta este libro?　　　　　· —Éste no me gusta. Prefiero ése.

1. ¿Le gusta a Luis esta corbata?　· —_____
2. ¿Os gustan estas revistas?　　　· —_____
3. ¿Le gusta a Ud. este coche?　　· —_____
4. ¿Le gusta a María este bolso?　· —_____
5. ¿Te gustan estas flores?　　　　· —_____
6. ¿Os gusta este cuadro?　　　　· —_____
7. ¿Te gusta este disco?　　　　　· —_____
8. ¿Le gusta a Ud. el apartamento?　· —_____

ME PARECE INTERESANTE	ME PARECEN INTERESANTES

¿Te gusta esta casa? *agradable*.　· —Me parece agradable.

1. ¿Os gusta esta película? *interesante*.　· —_____
2. ¿Le gusta a Ud. este libro? *estupendo*.　· —_____
3. ¿Le gustan a María estas revistas? *malas*.· —_____
4. ¿Te gusta este cuadro? *moderno*.　　· —_____
5. ¿Les gustan a Uds. estos pisos? *cómodos*.· —_____
6. ¿Te gusta esta calle? *ruidosa*.　　　· —_____
7. ¿Te gusta esta habitación? *pequeña*.　· —_____
8. ¿Os gusta el vino? *bueno*.　　　　· —_____

Situación XVII

Práctica oral: *Imagine un diálogo.*

1.

—_____

—_____

2.

—_____

—_____

3.

—_____

—_____

4.

—_____

—_____

18 ¿Vivirán aquí?

Propietario : —¿Vienen Uds. a ver el piso?

Alberto y
Carlos : —Sí. Hemos telefoneado antes.

Propietario : —Pasen. Aquí está la cocina. No es muy grande, pero tiene todo lo necesario. ¿Vivirán aquí los tres?

Luis : —Sí, ésa es nuestra intención. ¿No hay nevera?

Propietario : —Sí. He comprado una.

La traerán mañana. Vamos al cuarto de estar. También es comedor. Hay un sofá, dos sillones, una estantería, una mesa y seis sillas. La semana que viene pintarán las paredes e instalarán un televisor.

Éste es uno de los dormitorios. Hay un armario, un sillón y una mesa de estudio. La cama es muy cómoda. Aquel balcón da a la calle. Las alfombras están en la tintorería. Las traerán pasado mañana.

Alberto : —¿Hay mucho ruido?

Propietario : —No. Esta calle es muy tranquila.

Carlos : —¿Podemos ver el cuarto de baño?

Propietario : —Sí. Está al final del pasillo. Hay agua caliente y fría, una bañera grande y ducha. El espejo está roto, pero compraré otro nuevo.

Esquema gramatical I

	Infinitivo		Terminaciones		FUTURO IMPERFECTO
FUTURO	estudiar volver escribir estar ser ir	+	-É -ÁS -Á -EMOS -ÉIS -ÁN	→	ESTUDIARÉ ESTUDIARÁS ESTUDIARÁ ESTUDIAREMOS ESTUDIARÉIS ESTUDIARÁN

[Practique]

I Juan volverá a las diez.

¿Y Antonio? *a las nueve.* · —Antonio volverá a las nueve.

1. ¿Y tú? *a las doce.* · —_____

2. ¿Y Luisa? *por la tarde.* · —_____

3. ¿Y vosotros? *esta noche.* · —_____

4. ¿Y los niños? *a las siete.* · —_____

5. ¿Y José? *el jueves.* · —_____

6. ¿Y Ud.? *el sábado.* · —_____

7. ¿Y Uds.? *mañana.* · —_____

8. ¿Y vosotras? *al mediodía.* · —_____

II Yo escribiré una carta.

¿Y María? *leer el periódico.* · —María leerá el periódico.

1. ¿Y vosotros? *escuchar la radio.* · —_____

2. ¿Y Ud.? *pintar la ventana.* · —_____

3. ¿Y Luis? *visitar el museo.* · —_____

4. ¿Y las secretarias? *escribir cartas.* · —_____

5. ¿Y tú? *tomar una cerveza.* · —_____

6. ¿Y ellos? *comprar libros.* · —_____

7. ¿Y ellas? *ver una película.* · —_____

8. ¿Y tú? *colgar el cuadro.* · —_____

Amplíe

Esta tarde nos **quedaremos** en casa.

Mañana **recogeré** mi equipaje.

Dormiremos en un hotel.

El sábado **nadaremos** en una piscina.

Pasado mañana **repararé** la bicicleta.

El mes que viene **viajaréis** en avión.

El próximo martes **pagaremos** el alquiler.

El año que viene **venderemos** esta casa.

Practique

I Quiero ir a Sevilla. ·—Iré a Sevilla.

1. Queremos visitar a Pedro. ·—_____

2. Queremos quedarnos en casa. ·—_____

3. Quiero llevaros al cine. ·—_____

4. Isabel quiere dormir en el campo. ·—_____

5. Uds. quieren pagar la cuenta. ·—_____

6. Marta quiere llevar un sombrero verde. ·—_____

7. Quiero reparar el televisor. ·—_____

8. Ellos quieren ver la cocina. ·—_____

II | VOY A ACOMPAÑARTE | TE ACOMPAÑARÉ |

¿Vas a acompañarme esta noche? ·—¿Me acompañarás esta noche?

1. ¿Vais a ir al cine mañana? ·—_____

2. ¿Va a visitarte Juan esta tarde? ·—_____

3. ¿Vas a invitar a tus amigos? ·—_____

4. ¿Vamos a nadar en el río? ·—_____

5. ¿Van Uds. a vender esta casa? ·—_____

6. ¿Va a regalarte flores Juan? ·—_____

7. ¿Van a jugar los niños en el jardín? ·—_____

8. ¿Vas a llamarme a las once? ·—_____

Esquema gramatical II

FUTUROS IRREGULARES	tener	tendr-	
	poner	pondr-	
	venir	vendr-	É
	salir	saldr-	ÁS
	haber	habr-	Á
	poder	podr-	EMOS
	saber	sabr-	ÉIS
	querer	querr-	ÁN
	decir	dir-	
	hacer	har-	

[Practique]

Voy a tener una visita.   ·—Tendré una visita.

1. Voy a salir a la calle.   ·— _____

2. Vamos a hacer las maletas.   ·— _____

3. Van a querer acompañarnos.   ·— _____

4. Va a haber una fiesta.   ·— _____

5. Vais a venir en enero.   ·— _____

6. No voy a decirte una mentira.   ·— _____

7. No va a poder acompañarte.   ·— _____

8. No voy a saber hacerlo.   ·— _____

151

Hable

¿*(venir)* a verme mañana?

Vendrás a verme mañana?

¿*(ponerse)* el sombrero verde?

Te _____

¿*(tener)* tiempo para coger el tren?

_____

¿A qué hora *(salir)* de la oficina?

_____

¿*(haber)* mucha gente en la fiesta?

_____

¿*(poder)* cruzar el río?

_____

¿*(saber)* usar esta máquina?

_____

¿*(hacer)* las maletas esta noche?

_____

¿*(querer)* votar por nosotros?

_____

¿*(decir)* Ud. la verdad?

_____

Situación XVIII

Plan de vacaciones:

Entonación

Visitaremos   a   Pedro.

Ejercicios prácticos:

1. Iremos a la escuela.

2. Alquilaremos un piso.

3. Vivirán aquí los tres.

4. Compraré un espejo nuevo.

5. Volveremos a las nueve.

6. Veremos una película.

7. Escribiremos una carta.

8. Estudiaremos la lección.

19 Estoy arreglando el piso

Luis : —¡Bienvenido! Eres el último. Juan y yo hemos llegado hace un rato. ¿Has traído tú solo todo este equipaje?

Alberto : —Sí. He venido en taxi. ¿Me ayudas a llevarlo a mi habitación? ¿Qué ruido es ése?

Luis : —Hay un fontanero en la cocina. El grifo no funciona bien y lo está arreglando.

Alberto : —Y ese señor, ¿quién es?

Luis : —Es el electricista. Está poniendo unos enchufes.

Alberto : —Y Carlos, ¿dónde está?

Luis : —Está en su habitación.

Carlos : —¡Ah! ¿Estás aquí? Yo todavía estoy deshaciendo las maletas.

Alberto : —Yo las desharé esta tarde. Ahora estoy muy cansado. ¿Hay llaves para todos?

Luis : —El dueño sólo nos ha dado una del portal y otra del piso. Pero yo he hecho dos más. ¿Quieres las tuyas?

Alberto : —Sí, dámelas, por favor.

Luis : —Tómalas. Coge éstas también y dáselas a Carlos.

Alberto : —¿Cuánto te han costado?

Carlos : —Yo tengo la factura. Pero no te preocupes. Se la pasaremos al dueño.

Esquema gramatical I

I

estoy		
estás	**PINTANDO**	la casa
está	**ESCRIBIENDO**	una carta
estamos	**BEBIENDO**	agua
estáis		
están		

II

infinitivo	*presente*	*gerundio*
pintar	pint-**O**	pint-**ANDO**
beber	beb-**O**	beb-**IENDO**
escribir	escrib-**O**	escrib-**IENDO**

III Los verbos en -IR que cambian la raíz en el presente, cambian también en el gerundio: o → u , e → i

poder	p**ue**do	p**u**d-IENDO
dormir	d**ue**rmo	d**u**rm-IENDO
sentir	s**ie**nto	s**i**nt-IENDO
seguir	s**i**go	s**i**gu-IENDO
pedir	p**i**do	p**i**d-IENDO
decir	d**i**go	d**i**c-IENDO

PERO : venir → VIN**IE**NDO

Si la raíz es una vocal :	*caer*	ca-	
	oir	o-	} -YENDO
	construir	constru-	

156

Amplíe

María **está limpiando** los cristales.

Estamos quitando el polvo de los muebles.

Están construyendo un hotel.

Los niños **están durmiendo.**

Juan **está barriendo** el piso.

Luisa **está fregando** la cocina.

Luis y Pepe **están yendo** a la escuela.

El anciano **está pidiendo** limosna.

Miguel **está afeitándose.**

El ladrón **está huyendo** del policía.

Practique

I ¿Qué haces? *escribir una carta.*   · —Estoy escribiendo una carta.

1. ¿Qué hace José? *leer el periódico.*   · —_____

2. ¿Qué hacéis aquí? *esperar el autobús.*   · —_____

3. ¿Qué hace Ud.? *escuchar la radio.*   · —_____

4. ¿Qué hace Luis? *hablar con María.*   · —_____

5. ¿Qué hacen Uds.? *pintar las puertas.*   · —_____

6. ¿Qué hace la Sra. Pérez? *preparar la cena.*   · —_____

7. ¿Qué hacen los niños? *dormir.*   · —_____

8. ¿Qué haces? *reparar el coche.*   · —_____

María	compra	flores
↓		↓
¿QUIÉN?		**¿QUÉ?**

II Juan está pintando la puerta.   · —¿Quién está pintando la puerta?

1. Miguel está escribiendo una carta.   · —_____

2. Isabel está haciendo ruido.   · —_____

3. Ud. está arreglando la radio.   · —_____

4. Yo estoy haciendo la maleta.   · —_____

5. Carmen está barriendo la casa.   · —_____

6. Pedro está colgando un cuadro.   · —_____

7. Su madre está haciendo el café.   · —_____

8. Mi amigo está fumando un cigarrillo.   · —_____

Hable

Carlos y María _____

Los niños _____

Isabel _____

Doña Pilar _____

Carlos y Luis _____

Carmen _____

Los niños _____

Marta _____

El profesor _____

José _____

		dá		me — lo
me	lo	da		
		dá		se — lo
se	lo	da		

VOY A DARTE UN LIBRO.

DÁ**ME**LO

VOY A COMPRARLE UN REGALO A JUAN

CÓMPRA**SE**LO

VOY A DAROS UNOS HELADOS

DÁ**NOS**LOS

VOY A COMPRARLES UNAS FLORES

CÓMPRA**SE**LAS

[Practique]

I

1. Dame un libro. · —Dámelo.

2. Date un baño. · —Dátelo.

3. Cómprale un helado a Miguel. · —Cómpraselo.

4. Regálale una bicicleta a María. · —Regálasela.

5. Cómprales caramelos a los niños. · —Cómpraselos.

6. Envíales unas flores a las secretarias. · —Envíaselas.

7. Cómpranos un coche. · —Cómpranoslo.

Practique

I ¿A quién le escribirás una carta? *a María.* · —Se la escribiré a María.

1. ¿A quién le regalaré un libro? *a Juan.* · —_____
2. ¿A quién le darás los caramelos? *a los niños.* · —_____
3. ¿A quién le regalará Ud. las flores? *a las enfermeras.* · —_____
4. ¿A quién le venderás el coche? *a Miguel.* · —_____
5. ¿A quién le entregarás las cartas? *a ti.* · —_____
6. ¿A quién le pintarás el piso? *a mi amigo.* · —_____
7. ¿A quién le pediréis el dinero? *a vosotras.* · —_____
8. ¿A quién daréis las llaves? *a Ud.* · —_____

Dá - **SE** - lo   a   **Juan**

El «**se**» puede especificarse nombrando la persona a la que se refiere.

II Dale un libro a Juan. · —Dáselo.

1. Cómprales unos caramelos a los niños. · —_____
2. Déme una botella. · —_____
3. Pídele la bicicleta. · —_____
4. Déjame un diccionario. · —_____
5. Regálale un libro a María. · —_____
6. Préstanos estos libros. · —_____
7. Dale esta pluma a Pedro. · —_____
8. Envíele Ud. esta carta a José. · —_____

Situación XIX

Práctica oral: *Describa la siguiente situación.*

1.

— _____

— _____

2.

— _____

— _____

3.

— _____

— _____

4.

— _____

— _____

5.

— _____

— _____

6

— _____

— _____

7.

— _____

— _____

8.

— _____

— _____

20 ¿Ya hablas español?

Amiga : —¡Hola, David! ¿Qué has hecho este verano? No te he visto por aquí.

David : —¡Hola, Ana! ¡Qué sorpresa! He estudiado español. Ahora ya sé un poco.

Amiga : —¿Has estado en España?

David : —Sí. Durante el mes de Julio. He estado cerca de la Costa Brava, en Barcelona.

Amiga : —¿Y seguirás estudiando español?

David : —Sí. Me gusta mucho. Este curso iré una hora diaria a una academia particular. Quiero aprenderlo bien. Y el verano que viene volveré de nuevo a España.

Amiga : —¿Es difícil aprender español, verdad?

David : —No. No es más difícil que otras lenguas. Pero es necesario estudiar...

Amiga : —Yo también quiero aprender español. ¿Conoces una escuela buena? El verano próximo te acompañaré a España.

Hable : ¿Es o está?

La botella _____ sucia.

La habitación _____ limpia.

El coche _____ grande.

El niño _____ al lado de la mesa.

El padre _____ en casa.

El banco _____ cerrado.

La fruta _____ madura.

Los edificios _____ altos.

El estudiante _____ cansado.

La calle _____ ancha.

Practique

> conocer :   **conozco, conoces, conoce,**
>
> obedecer :   **obedezco, ...**
>
> conducir :   **conduzco, ...**
>
> agradecer :   **agradezco, ...**

I Conocerás a mi hermana.   · —Ya la conozco.

1. Obedecerás esta orden.   · —_____

2. Conducirás este coche.   · —_____

3. Agradecerás este favor.   · —_____

4. Conoceremos el pueblo.   · —_____

5. Agradeceréis la invitación.   · —_____

6. Conducirá el automóvil.   · —_____

7. Conoceremos pronto a ese hombre.   · —_____

8. Obedeceréis al profesor.   · —_____

II _Responda :_

1. ¿Viven Uds. en Italia?   · —_____

2. ¿Comen ellos en casa?   · —_____

3. ¿Escribe María con frecuencia?   · —_____

4. ¿Abren la puerta los niños?   · —_____

5. ¿Lee tu abuelo el periódico?   · —_____

6. ¿Recibes muchas cartas?   · —_____

7. ¿Visitáis el zoo por la mañana?   · —_____

8. ¿Escuchas la radio por la noche?   · —_____

Practique

¿DE QUIÉN ES ....?	ES MÍO, MÍA, ...

III ¿Es de María aquel libro?   · —Sí, es suyo.

1. ¿Es del Sr. Sánchez la bicicleta?   · —_____

2. ¿Es vuestro el tocadiscos?   · —_____

3. ¿Es de las niñas esta pelota?   · —_____

4. ¿Son de Uds. aquellos pasaportes?   · —_____

5. ¿Son de los señores estos sombreros?   · —_____

6. ¿Es de Isabel esta carta?   · —_____

7. ¿Es mía esta maleta?   · —_____

8. ¿Es de Juan el coche rojo?   · —_____

¿PARA QUIÉN ES ....?	
ES PARA	**TI** (tú) **MÍ** (yo) **ÉL** (él) etc.

¿PARA QUIÉN ES ESTA PLUMA?

ES PARA MÍ

IV ¿Para quién es la carta?   *José*   · —Es para José

1. *el niño.*   · —_____

2. *tú.*   · —_____

3. *nosotros.*   · —_____

4. *ellos.*   · —_____

5. *vosotros.*   · —_____

6. *él.*   · —_____

7. *Isabel.*   · —_____

8. *Ud.*   · —_____

Recuerde : Fechas y tiempo

I ¿A qué estamos hoy?   ESTAMOS A _____

¿Qué es hoy?   HOY ES _____

ENERO						
L	M	M	J	V	S	D
	1	2	3	4	5	6
7	8	9	10	11	12	13
14	15	16	17	18	19	20
21	22	23	24	25	26	27
28	29	30	31			

¿QUÉ TIEMPO HACE EN PRIMAVERA?

EN PRIMAVERA HACE _____(calor/ frío/...)

Practique

Coge el libro	CÓGELO
Coge los libros	CÓGELOS

I Cruzad la calle. · —Cruzadla.

1. Coge un taxi. · —_____
2. Mira la televisión. · —_____
3. Compra las corbatas. · —_____
4. Limpia el coche. · —_____
5. Leed los periódicos. · —_____
6. Repite el ejercicio. · —_____
7. Pinta la casa. · —_____
8. Cuelga el cuadro. · —_____

VEN	NO VENGAS
HAZ LOS DEBERES	NO HAGAS LOS DEBERES

II Sal a la calle. · —No salgas.

1. Venid al cine. · —_____
2. Di la verdad. · —_____
3. Tened paciencia. · —_____
4. Haced los ejercicios. · —_____
5. Pon la televisión. · —_____
6. Venid a verme. · —_____
7. Salid de casa. · —_____
8. Poned la radio. · —_____

Hable

A *María* **le gusta** andar en bicicleta.

A los jóvenes _____

A ellos _____

A mi madre _____

A nosotros _____

A vosotros _____

A Isabel _____

A mi _____

Practique

I Voy al campo. · —Iré al campo.

1. Aprendemos a nadar. · —_____

2. Vuelven pronto. · —_____

3. Es difícil. · —_____

4. Pepe hace sus deberes. · —_____

5. Paga siempre al contado. · —_____

6. Paseáis por el parque. · —_____

7. Los niños llaman a su madre. · —_____

8. Escribe una postal. · —_____

HE IDO A ESPAÑA HE ESTUDIADO ESPAÑOL	PRESENTE	IRÉ A ESPAÑA ESTUDIARÉ ESPAÑOL
20 JUNIO 2011 — HE PASADO LAS VACACIONES EN GRECIA.	HOY 30 SEPTIEMBRE 2011	20 JUNIO 2012 — PASARÉ LAS VACACIONES EN GRECIA.
Esta mañana **he paseado** por las Ramblas.	30 JULIO 2011	TEATRO — Esta tarde **iré** al teatro.

Lista de palabras

A

a
abierto
abrigo
abril
abrir
abuelo
aburrido
academia
además
aduana
afeitarse
agosto
agradable
agradecer
agua
ahora
al
alemán
Alemania
alfombra
algo
allí
alquilar
alquiler
alto
alumno
amable
amar
amarillo
ambulancia
América
americano
amigo
Ana
anciano
ancho
andén
Andrés
Ángel
ánimo

antes
antiguo
Antonio
anuncio
año
apagar
apartamento
Apolo
aprender
apretar
aquél
aquel
aquí
árbol
armario
arquitecto
arreglar
así
Asturias
atardecer
aún
autobús
avión
ayudar
azul

B

bailar
bajo
balcón
banco
bañera
bar
barato
Bárbara
Barcelona
barrer
bastante
beber
bebida

biblioteca
bicicleta
bien
bienvenidos
billete
blanco
blusa
bocadillo
bolso
bonito
botella
botón
bueno
buscar

C

caballo
cada
caer
café
cafetería
caja
calcetines
caliente
California
calor
calle
cama
camarero
cambiar
camisa
campo
canción
cansado
cantar
caramelo
Carlo
Carlos
Carmen
carne

carnet
caro
carrera
carta
cartelera
cartera
cartero
casa
castaño
cenar
centro
cerrado
cerrar
certificado
cerveza
cigarrillo
cine
ciudad
claro
clase
cliente
clima
cocina
coche
coger
color
comedor
comer
comida
cómo
como
cómodo
compañero
compartir
complicado
comprar
comprender
con
concierto
conducir
conferencia
conocer

construir
contar
contener
corbata
correr
corrida
coser
Costa Brava
costa
costar
cristal
cruzar
cuadro
cuándo
cuánto
cuarto de baño
cuarto de estar
cubrir
cuento
cumpleaños
cumplir
curso

chaqueta
chico
China
chuleta

dar
David
de
debajo
deberes
decidir
decir
declarar

dejar
del
delante
delgado
dentro
deporte
deportista
derecha
desatar
desear
deshacer
desordenado
despistado
después
detrás
día
diario
diccionario
diciembre
diferente
difícil
dinero
disco
disculpar
discutir
doctor
domingo
dónde
donde
doña
dormir
dormitorio
ducha
dueño

edad
edificio
él
el

electricista
elegante
elegir
empezar
empleado
empleo
en
encantado
encendedor
encender
encontrar
enchufe
enero
enfermera
enfermo
ensalada
entonces
entremés
enviar
equipaje
escalar
escribir
escuchar
escuela
España
español
espectáculo
espejo
estación
estancia
estantería
éste
este
estrecho
estudiante
estudiar
estudio
estupendo
examen
excursión
explicar
extranjero

F

fábrica
fácil
factura
falda
familia
favor
febrero
felicidades
feliz
Fernando
fiesta
final
firmar
flores
Florida
fontanero
fórmula
fotos
francés
Francia
fregar
frío
fruta
fumar
funcionar
fútbol

G

Galicia
gastar
gato
gemelos
generalmente
gente
ginebra
gitano
gordo
gracias

grande
grifo
gris
gritar
guitarra
gusto

H

haber
habitación
hablar
hacer
hambre
helado
hermano
hijo
Holanda
holandés
hombre
hora
horario
hospital
hotel
hoy
huevo
huir
húmedo

I

ida
idea
idioma
iglesia
importación
importar
ingeniero
Inglaterra
inglés

instalar
inteligente
intención
interesante
interesar
invierno
invitar
ir
Isabel
Italia
italiano
izquierda

J

jardín
Jerez
José
joven
Juan
jueves
jugar
julio
junio
juntos

K

kilos
kiosco
Klaus

L

la
lado
ladrón
largo
las

lavar
lección
leche
leer
lengua
librería
libro
limosna
limpiar
limpio
lo
López
los
luces
luego
Luis
Luisa

LL

llamar
llave
llegada
llegar
llevar
llover

M

madre
maduro
maleta
malo
mamá
mano
mantel
Manuel
mañana
máquina
Margarita

María
marrón
Marta
martes
marzo
más
mayo
mayor
me
media
medias
médico
mediodía
mejor
menor
menos
menú
mesa
meseta
mi
mía
miércoles
Miguel
mirar
mismo
moda
modelo
moderno
monedas
montaña
mucho
muebles
museo
muy

N

nada
nadar
naranja
necesario

necesitar
negro
nevar
nevera
niño
no
noche
norte
nosotros
nota
noticia
novela
noviembre
nuestro
nuevo
nudo
nunca

O

o
obedecer
obra
octubre
ocho
oeste
oficina
oír
ojos
orden
ordenar
oscuro
otoño
otro

P

Pablo
padre
paella

pagar
país
País Vasco
pantalones
papel
paquete
par
para
parecer
pared
parque
particular
partido
pasaporte
pasar
pasear
pasillo
pastel
patata
patio
pedir
Pedro
película
pelo
pelota
peluquería
peluquero
pensar
pensión
peor
pequeño
perder
perdonar
Pérez
perezoso
perfeccionar
periódico
pero
perro
pesado
pesar
pescado

peseta

piel

Pilar

pilas

pino

pintar

piscina

piso

pista

planta

playa

plaza

pluma

poco

poder

policía

polvo

pollo

poner

porque

¿por qué?

portal

postre

precioso

preferir

preocuparse

prestar

primero

primo

probar

problema

producto

profesor

programa

próximo

puerta

Q

que

qué

quedarse

querer

quién

quitar

R

radio

ramo

Ramón

rato

razón

recibir

recoger

recomendar

redondo

regalar

regalo

regresar

reparar

repartir

resfriado

restaurante

revisor

revista

río

rojo

ropa

rosa

roto

rubio

ruido

ruidoso

Rusia

ruso

S

sábado

saber

salida

salir

saludar

San

Sáchez

Santander

Santiago

secretaria

sed

seguir

segundo

semana

sentir

señor

señora

señorita

septiembre

ser

servir

sesión

sí

siempre

silla

sillón

simpático

sobre

sobretodo

sofá

sol

solo

sombrero

sopa

soplar

sorpresa

su

suave

sucio

sudamericano

sufrir

suma

supuesto

sur

suyo

T

tabaco

tacaño

talla

también

tampoco

tan

tanto

tarde

Tarragona

taxi

té

teatro

telefonear

teléfono

televisión

temperatura

tener

Tenorio

ti

tiempo

tienda

tintorería

tío

tocadiscos

tocar

todavía

todo

tomar

tontería

toro

tortilla

trabajar

trabajo

traer

traje

tren

tu

tú
turista
tuya

último
un
universidad
uno
usar
usted

varios
vaso
vecino
vender
vendedor
venir
ver
verano
verdad
verde
vestido
viajar
viajero
viejo
viento
viernes
vino
visitar
visón
vivir
volver
vosotros
votar
vuelta
vuestro

ya
yo

zapato
zorro

Expresiones

a cuadros	a menudo	delante de	por favor
a dónde	¡ánimo!	dentro de	por la mañana
a la derecha	a veces	de nuevo	por la noche
a la izquierda	a ver	después de	por la tarde
al atardecer	¡bravo!	detrás de	por supuesto
al lado de	cerca de	de vez en cuando	
a medianoche	de acuerdo	¡hola!	
a mediodía	debajo de	mucho gusto	

Me mo

Me mo